皮膚科医
友利新先生が

娘に伝えたい 美容の話

友利新 監修
カツヤマケイコ 漫画

BIYOU no hanashi
by
Arata Tomori
Keiko Katsuyama

小学館

はじめに

みなさんは、「美容」と聞いてなにを思い浮かべますか？　メイク？　美白？　ヘアケア？　それとも、注射やメスを入れる美容整形でしょうか？

私は、そもそも「美容」とは、「皮膚」をはじめとする人間の体の器官を健康に保つための習慣だと思っています。例えば、虫歯にならないよう歯を磨くのと同じように、皮膚が不健康な状態にならないよう、清潔を保ち刺激から守るのが「美容」。

また、反対に、健康な状態が表に現れて、「お肌につやがある」とか、バランスの良い体形で、「好きなお洋服が着られる」といった見た目に関する「美容」の効果も、医療の指標となるQOL（Quality Of Life：生活の質）を向上させる要因のひとつだと考えています。

この本は、そんな、QOLを向上させる「美容」の基本のキ、入門のための教科書です。子どもたちが生きていく中で、健康を保って健やかに生活していくために、最低限知っておいてほしい美容の知識をまとめています。

昔と違って、今は情報がたくさんあって、情報に触れるなという方が、もう無理な時代。けれど、情報の海の中に無防備な状態で放りこまれてしまうと、大人の私たちですら、途方にくれてしまいますよね。そんなときにせめて、どちらに進めばいいかのおおまかな指針が判断できるように美容の土台を作ることが、本書の目的です。

さらに、子どもたちの主な情報源であるネットやSNSは、間違った情報を1回引いてしまうと、アルゴリズムでずっと間違った情報に囲まれてしまい、あたかもそれが真実のように思い込まされてしまう怖さがあります。分断された世界で、お子さんが取り返しのつかないところに行ってしまう前に、一緒にこの本を読んで、正しい情報を取捨選択できるようにしてあげてほしいと願っています。その上で、さらに美容に興味をもったお子さんがいたら、ぜひその興味をのばしてあげてください。

お子さんの美容のはじめの一歩を、この本と一緒にスタートできれば幸いです。

友利 新

目次
Contents

はじめに……2
登場人物……7

Volume. 1
「かわいい」ってどういうこと?

［漫画①］「かわいい」ってどういうこと?……10
［Column①］美容教育が必要なわけ……20
［ARATA'S TALK①］私が美容皮膚科医になった理由《わけ》……24

Volume. 2
スキンケア

［漫画②］スキンケア……26
［Column②］スキンケアの基礎知識……36
［漫画③］ニキビ……40
［Column③］ニキビケアの基本は洗顔……48
［漫画④］日焼け……52
［Column④］日焼け対策は年中無休……60
［ARATA'S TALK②］私のニキビ失敗談……64

Volume.
3
ボディケア

［漫画⑤］ダイエット……66
［Column⑤］バランスよく食べ健康的な体形を……78
［漫画⑥］脱毛……82
［Column⑥］ムダ毛処理は子どもにまかせて……92
［漫画⑦］体臭……96
［Column⑦］親だから言えるにおいの話……104
［ARATA'S TALK③］子育て中の美容について……108

Volume.
4
歯とメンタルヘルス

［漫画⑧］歯のケア……110
［Column⑧］歯科矯正と磨き方……118
［漫画⑨］メンタルケアと美容……122
［Column⑨］美容の悩みの裏側にあるもの……132
［ARATA'S TALK④］私のメンタルトラブル……136

Volume.
5
もっと聞きたい！　美容の話

［漫画⑩］ヘアケア……138
［Column⑩］健康な髪は洗髪から……148
［漫画⑪］ファッション……152
［Column⑪］最初はとにかく着てみよう！……160
あとがき……164
おわりに……166

登場人物

友利 新先生

医師の立場から美容と健康を追求し、キレイになる生活を実践する1男2女のママ。子育て中でも無理のない実用的な美容法を発信し続けている。

近藤家

自分がキレイになることに貪欲な一人娘、中学2年生キョウコとオシャレは好きだが美容はズボラな母とのすれ違いの毎日。

土山家

母娘ともども美容に詳しくないが、高校1年のハルカにはもう少しこぎれいな格好をさせたい。実は高校3年生のトオルが一番美容意識が高い。

関家

スキンケアもメイクも上品なオシャレもきっちりこなす美容意識高めのママは、小学6年生のサホと2年生のカホを溺愛中。

ご協力いただいた先生方のプロフィール

本書では、友利先生のほかに、歯科矯正やファッションなど、子どものときから知っておきたい「美容」のテーマについて専門の先生にお話をうかがっています。

村守樹理先生（歯科医）

北海道札幌生まれ。日本大学松戸歯学部卒業後、同大学病院のクラウンブリッジ、インプラント科に所属。歯学博士、日本補綴歯科学会補綴指導医を取得後、都内にて勤務。2018 年から札幌に拠点を移す。現在は、GDH インプラントオフィス札幌で補綴の指導医として働いている。

田中伸一郎先生（精神科専門医）

福岡県福岡市生まれ。東京大学医学部卒業。都内の大学病院などで精神科医として働いたのち、現在は東京藝術大学保健管理センター勤務。児童精神科クリニックでも診療。メンタルヘルスのさまざまな話題についてメディアで発信し、国内外の学会でも積極的に講演を行っている。

津村佳奈先生（ヘアメイク）

Un ami 表参道店のトップスタイリスト。幅広いテクニックの引き出しで、常にお客様に向けたオンリーワンのヘアスタイルを提案。２人の男の子のママで、お子さん相手のカットも定評あり。周囲を明るくする話しやすい人柄と確かな技術で、多岐のジャンルにわたって幅広く活躍中。

徳永千夏先生（ファッションスタイリスト）

数々の女性誌や Web で活躍するスタイリスト。カジュアルだけれど、上品なスタイリングが得意。10 年生まれと 14 年生まれの女の子ふたりのママ。娘２人のコーディネートを考えるのが日課で、そこで鍛えられたセンスのいいキッズファッションのスタイリングも好評。

Volume. 1

「かわいい」って どういうこと?

What does it mean to be cute?

近藤家の朝
ちょっと!!
いつまで髪の毛いじってんの!! 遅刻するよ!?
だって前髪が決まらないんだもん〜
あ、ママ、来月の私の誕生日カーマンのハイビューティープロ買って♡
なにそれ
美顔器
美容系ユーチューバーの○○がオススメしてたんだー♡
どれ…
ハイビューティープロ
121,000円
じゅうにまん!!
中学生には分《ぶん》不《ふ》相《そう》応《おう》じゃー!!
はよ学校行け——っ!!

土山家の朝(休日)
ママー ちょっと コンビニ 行ってくるー
ぎょっ!!
その格好で 外に出るの!? 寝起きの まま じゃん！
のさ〜
同級生に会ったら どーすんの!!
あー… あっしは 3次元には 興味ありやせん ゆえ…
そーゆー 問題じゃ ないのよ!!
ヒトとして最低限の 身だしなみくらい 整えなさーい
善処いたす
いってきまーす
高校生って もっと色気 づくもんじゃ ないの…？
大丈夫か うちの娘…

関家の朝
ママ見て見てー
パッチリ
起きたら二重《ふたえ》になってたー…
あら！
あ…
スン。。。
戻った…
二重はやっぱり目がぱっちりなるわね～♡
サホは二重になりたいーー？
別に
でもカホは二重でお目々くりくりでしょ？
カホ（妹）
将来二重にするのもアリだよ～♡
別にいーーって
そう…
二重の方がもっとかわいくなれると思うんだけどなーー？

ある日の午後
フウ…
近藤さんのとこは年相応に美容に興味持っていていいーじゃない
うちのハルカなんて髪もとかさないいんだから…
ほんとほんと女の子は周りから「かわいい」って思われたいもんでしょ？
サホは一重を気にしてないみたいだけど…
関さんは美意識が高いもんね
美容に興味を持つのはいいんだけど…ネットにあふれる情報は玉石混交じゃない
娘には私から正しい知識を教えてあげたい…ところだけど

まず私に美容の知識がない!!
私もだよ!!
ちょ
関さん教えてよ!!
え
いやいやいや2人よりはマシかもしんないけど…
ムリムリムリ
若い頃肌を焼きまくって今になってシミに悩まされてる私よ?
そんな世代の美容知識なんか通用しないって!!
あ、でも最近ママ友になった人が美容医療の先生なの
今度一緒に話を聞きに行かない?
行く!!
後日

はじめまして美容皮膚科医の友利 新です
今日はよろしくお願いします
美し～!!
説得力ハンパなさそう!!
でしょー?
親が子どもに教えるべき美容…? その前に伝えてほしいことはただ一つ!!
「あなたはあなたのままで充分素敵だ」ということです!!
「あの子は色が白くてかわいいわね」
「あの子はスラッとしていてモデルさんみたいだね」
なんて他人と比べたりはしないでください
親がそれを言っちゃダメ!!

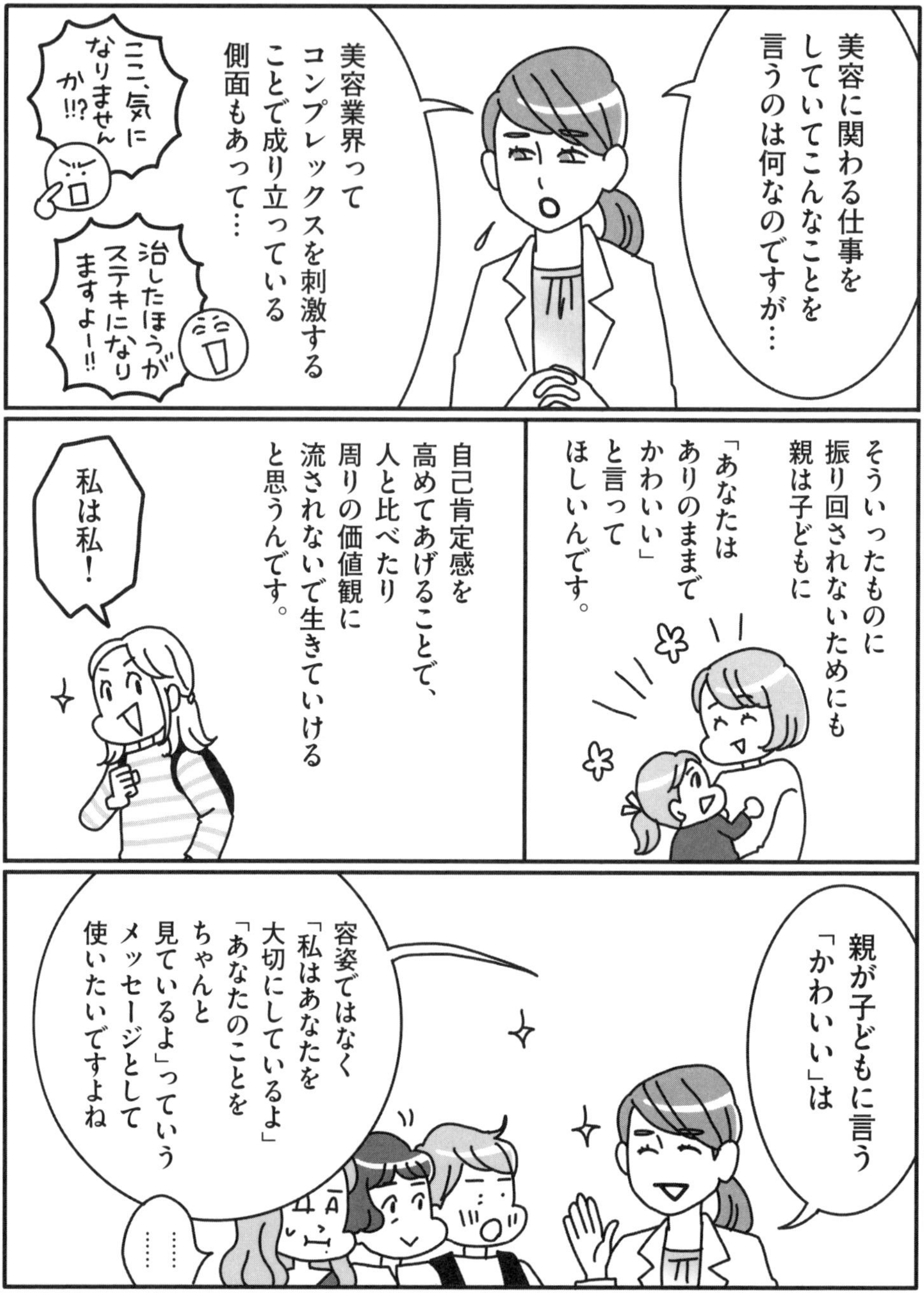
美容に関わる仕事をしていてこんなことを言うのは何なのですが…

美容業界ってコンプレックスを刺激することで成り立っている側面もあって…

ここ、気になりませんか!!?

治したほうがステキになりますよー!!

そういったものに振り回されないためにも親は子どもに「あなたはありのままでかわいい」と言ってほしいんです。

自己肯定感を高めてあげることで、人と比べたり周りの価値観に流されないで生きていけると思うんです。

私は私!

親が子どもに言う「かわいい」は
容姿ではなく「私はあなたを大切にしているよ」「あなたのことをちゃんと見ているよ」っていうメッセージとして使いたいですよね
……

……

私…
「二重のほうがかわいい」なんて言ったり妹と比べたりしてました…
反省…
気をつけます…
じゃあ親は見た目に関して何も口出ししないほうがいいんでしょうか
最低限の身だしなみは気をつけてあげてほしいです
他人が言いづらい髪がボサボサだとか脇の毛が見えてしまっているだとか、口臭が強いだとか、その場の服装に合っていないだとか…
マナーの範囲ってことですね
う…
寝間着のまま外に出してました…
注意はしたけれども!!
あと放っておくと将来にわたってダメージが継続するようなものに関しては
そのデメリットをきちんと伝えてあげてください
日焼け
シミ
シワ
発ガン
ニキビ
皮フのダメージ
無理なダイエット
生理不順
骨粗しょう症

私もシミの原因になるって知ってたら若い頃、日サロなんて行かなかったのに〜!!

ワーッ
うちの兄も昔自分でニキビつぶしちゃっていまだに肌がボコボコだもんな…

本人めちゃくちゃ後悔してるよ…

そのうえでプラスα本人が気にしていることがあれば親は「お手伝いをする」というスタンスでいてあげてるといいと思います
お手伝い…

最近じゃ自分でネットであれこれ調べてひとりでなにかしているみたいで…

心配ですよね
ネットでの検索を禁止するのは無理なので、親が一緒に情報収集してみるのはどうでしょう?

ここはどうかな?

美容脱毛は回数がかかるみたいよ?

ただ思春期になってくると、親に相談してくれなそう…
うちもそろそろ…
うんうん
そうならないためにも普段のコミュニケーションが大事
日頃から子どもの言うことを頭ごなしに否定せず、聞いてあげる姿勢が大切です
悩んでいる様子があればそれとなく聞いてあげる
信頼関係があれば子どもも相談してくれると思いますよ
親にできることたくさんありそうですね
それにはまず親が正しい知識を持つ必要があるな…
なので一緒に勉強していきましょう!

「かわいい」って
どういうこと？

Column 1

美容教育が必要なわけ

「かわいい」ってどういうこと？

赤ちゃんを見たときの純粋な「かわいい」、子育ての中で感じる愛《いと》しさの「かわいい」。お友達が着ている服を褒めるときの共感の「かわいい」、アイドルやキャラクター、スイーツを見たときのときめきの「かわいい」…etc。「かわいい」は、私たちの日常の中に驚くほどあふれています。でも改めて「かわいいってなんだろう？」と考えると、一言でいうのは難しく、とても抽象的なものだと気づきます。

日本語の「かわいい」は、愛情や共感やときめきといったいろんな感情を手軽に表現できる身近なワード。特に今の人たちは、相槌《あいづち》感覚で多用しています。だから誤解を恐れずにいうと…「かわいい」を難しく考えすぎなくていいと私は思います。だって正解はないんですから。

例えば日本では、目がくりっとしてるとか、鼻がシュッとしてるとか、色が白い…などがかわいいの条件としてありますが、世界的な視点で見るとそれは「＝かわいい」では、必ずしもない。いろんなかわいいが無限にあるので、人は誰もが「自分のかわいい」をもっていると思います。だから誰かがなにげなく言った「かわいい」という言葉や、誰かが勝手に定義した「かわいい」の価値観に、振り回される必要はまったくないんです。

子どもを見守り、声がけする立場である私たち親が、まず「かわいい」の意識改革をする。そうすると、自《おの》ずと子どもも「かわいい」の偏った価値観に振り回されることはないんじゃないかなと思います。

私自身のことでいうと、「かわいい」という言葉には、常に「あなたのことが大事だよ、ちゃんと見てるよ」という思いを込めています。なかなかストレートに言えない愛情表現も「かわいい」のオブラートに包めば、毎日何度でも言える。本来「かわいい」はポジティブな言葉なので、難しく考えすぎず、でも偏った価値観にとらわれず、惜しみなく子どもたちに投げかけてあげたいと思っています。

「かわいい」は比べるものではなく、優劣もない

「かわいい」は比べるものではなく、それぞれの「かわいい」に優劣もない。ただ親御さんから愛情たっぷりの「かわいい」をたくさん浴びて育っても、年齢と共に身近になるSNSやインターネットの影響や思春期に突入することで人と比べてしまうようになることは、現代社会においてある程度はしかたないことだとも思っています。そうなってしまったときに大切なのは、まず寄り添うこと。意見を求められたら「ママは全然気にならないよ」、「それがあなたの個性じゃない？」と声がけしてあげてください。

それ以外の日常でも「○○ちゃんは、お母さんが美人だからやっぱりかわいいわね」や「お母さんはそうでもないのに○○ちゃんは美人ね」など、普段の会話で無意識に何気なく発している言葉が、比べるマインドを刺激し、コンプレックスの種になりうることを、親御さんはもっと自覚していただきたいなと思います。親子であっても違う人間で、好みや価値観が同じわけではないということを常に心に留めておいてください。

ときどき「うちの娘を二重にしていいですか？」というお母さんがいらっしゃいますが、それはそのお母さんの価値観であり、娘さんの価値観ではないですよね。一重でも魅力的な子はたくさんいるし、二重じゃなきゃかわいくないという概念が、もう今の時代にそぐわない。

さらに、子どもの顔の形や目鼻立ちは成長とともにどんどん変わっていきます。親御さん自身のアルバムを見ても分かると思うのですが、幼少期や思春期、学生時代や20代…と全く同じ顔の人はいませんよね。顔というのは、土台として骨があって、筋肉があって、皮下脂肪があって、皮膚があります。それぞれ全てが成長していくので、今のお子さんの顔のまま大人になるわけではありません。特に女の子の10代、20代は体が脂肪をつけようとする時期なので、多かれ少なかれ誰もがみんなぽっちゃりとしているもの。脂肪の量によって二重がはっきりしたり、奥二重になったり…その時々で印象は変わってきます。だから、お子さんの生活に関わるような、やむをえない理由がある場合以外、成人前に二度と元に戻らない、メスを入れての整形は私は絶対におすすめしません。そもそも「アイドルみたいにくりんとした二重で鼻がシュッとしている＝かわいい」という価値観に、10代、とくにローティーンが振り回される必要はない。子どもの目は本来まっさらなはずで、実はそういったルッキズムに関

する発言や価値観は、親の影響がほとんどだと言われています。

なので基本的には健康や身だしなみ、マナーに関わること以外は、口を出すべきことではないと私は思います。少し美容とは違う心理的なことになりますが、こういったお母さんの意識や声がけが、自己肯定感を育むことにもつながっていくのではないでしょうか。

実は…美容にも正解はない!?

私は美容も扱う皮膚科医なので、みなさんのかわいいやキレイをサポートすることが仕事です。それと矛盾するようですが、私は普段の診察で「どこを変えたらキレイになれますか?」と意見を求められても「なにもしなくていいです」と必ず答えます。患者さんから具体的に悩みを相談されて初めて私が思う最善の解決策を提案しますが、こちらから「あなたのここが気になります」「ここをこうしたらいいと思います」と言うことはありません。それは何度もお伝えしているように、かわいいやキレイに正解はないし、価値観は人それぞれという考えが、医師の前にひとりの人間として私の根底にあるからです。

私たち親は、子どもたちの個性を尊重しつつ、保護者の立場としてそれが健康を害することかどうか? マナーや身だしなみに関わっているかどうか? を気にしてあげればいいと思います。

病気や怪我は、どう考えても健康に関わることなので、治療するのは当然。難しいのは、美容要素をはらんだ身だしなみに関することです。例えばニキビなら、本人が気にしていなければもちろんいいですが、医学的にみると化膿して痕が残ったりする疾患のひとつという側面もあるので、やはり治療した方がベター。髪の毛がボサボサだったり、顔に汚れがついていたり、体臭がしたら印象も良くないし、第三者に不快な思いをさせることにつながるので、きちんとケアするべき。ただムダ毛に関しては、個人の価値観や置かれている環境など、さらに複雑な要素が絡んでくるので一概にはいえない。医療とは違い簡単に白黒つけられないのが、美容の難しさ。でもだからこそ楽しくもあると、私は信じています。

子どもの未来のために親ができること

教育や食育など、あらゆるジャンルで情報があふれる今、子どもの未来のためになにができるか——。それは親であれば誰もが真剣に悩むこと。実際にこの本を手に取ってくださっている方は意識が高く、美容に関してもまずは自らが正しい知識を得ておきたいと考えていらっしゃると思います。皮膚科医の立場から言えば、もちろんこの後本書で具体的に紹介するように知っておくべき正しい洗顔法、皮膚トラブルの対処法、身だしなみの整え方などはたくさんあります。でもその一般的な知識を得ただけで満足したり、安心はしないでください。今回の本作りに際して、自分も一人の母親という立場で改めて美容や子育てに向き合うと、そういった知識より以前にもっと大切なのは、なんでも相談できる〝親子の信頼関係〟を日頃から築いておくことなのではないかと思いました。

スマホで手軽にいろいろなことが検索できる今は、美容でもそれ以外でも間違っていたり、偏っている情報を鵜呑《うの》みにして、自己完結してしまうのが一番怖い。インターネットは便利な反面、アルゴリズムによって検索している人の興味があるものを延々と出してくる仕組みなので、常に正しい答えを教えてくれるわけではないのです。かといって検索するなというのも無理な話なので、自分のスマホで調べた結果とほかの誰かのスマホで調べた結果は違う可能性もあるんだよということ、解決策や対処法にはいつだって選択肢があるんだよ、ということを知っておいてほしいなと思います。私自身も「もし気になることや悩んでいることがあるなら、スマホに頼るのもいいけれど、ママにも相談してね。一緒に考えよう」と子どもたちに声がけしています。

そして子どもが自分で考えたり、検索して辿《たど》りついた結論は、もし間違っていても頭ごなしに否定しないことも信頼関係を築く上でとても重要です。一旦受け止めて、なぜそう思うのか、どうしてそうしたいのか。そしてお母さんはこう思うよ、お母さんのときはこうだったよとコミュニケーションをとる。一方的にダメ出しをするとその反動で必ずやりたくなるし、それ以降「話してもどうせ無駄」と思われて二度と相談されなくなる…。思春期になるとただでさえ会話は少なくなるので、こういったコミュニケーションはすごく大切だと思います。いつも窓口を開けておく、一緒に正解を探す過程を楽しむイメージで。こうして信頼関係さえ築いておけば、知識やテクニックは後からどうとでもなる。それを忘れないでください。

ARATA'S TALK①

私が美容皮膚科医になった理由《わけ》

中学生のときに、子宮内膜症《しきゅうないまくしょう》と診断され、何年も治療をしなければならなくなりました。辛《つら》いこともありましたが、治療のおかげで、ひどかった生理痛もなくなり、自分のことを治してくれたお医者さんは、私の中ではヒーローで、そんなヒーローに自分もなってみたいと思い医者を目指しました。

さらに、母方にも父方にもひとりずつ、医者のおじさんがいたんです。ふたりとも早くに亡くなって、私は会ったことはありませんが、親戚の家に行くたびに、お仏壇の写真を見ながら「すごい人だった」と聞かされていました。だから、どこかに医者という職業に憧れがあったのかもしれません。

無事、医大に入学し、初めは故郷に戻ることを前提に、内科医を志しました。けれど、内科医として仕事をするうちに、いくら注意しても聞かなかった患者さんが、湿疹や体形変化など容姿に関わることになると、急に治療を頑張り出すような姿を見たり、自分も病気によって変わった見た目を気にした経験があったりしたことから、容姿と健康について考えることが多くなりました。

そんなとき、現在勤務しているクリニックの院長である先生との出会いもあり、内科から皮膚科に転科することに。ちょうど、レーザーやニキビのピーリング治療などが出てきて、美容皮膚科が注目を浴びるようになった時期と重なり、長い間ニキビに悩み、さらに「人をキレイにするとは？」と考えていた私にとって、天職に巡り合ったと思っています。

Volume. 2

スキンケア

Skin Care

お子さんのスキンケアはどうしてますか?
スキンケア?
きょとん…
子どもって毛穴レスのプリプリ肌ですが…
何かする必要あります?
みなさん、スキンケアって「特別なもの」と思ってませんか?
肌をより美しく!!
より白く!!
今の肌より上を目指すみたいなとこありますね
スキンケアは歯磨きなんかと同じ
肌を健やかに保つために行うものなんです
日常の習慣として…
え!!
そうなの!?

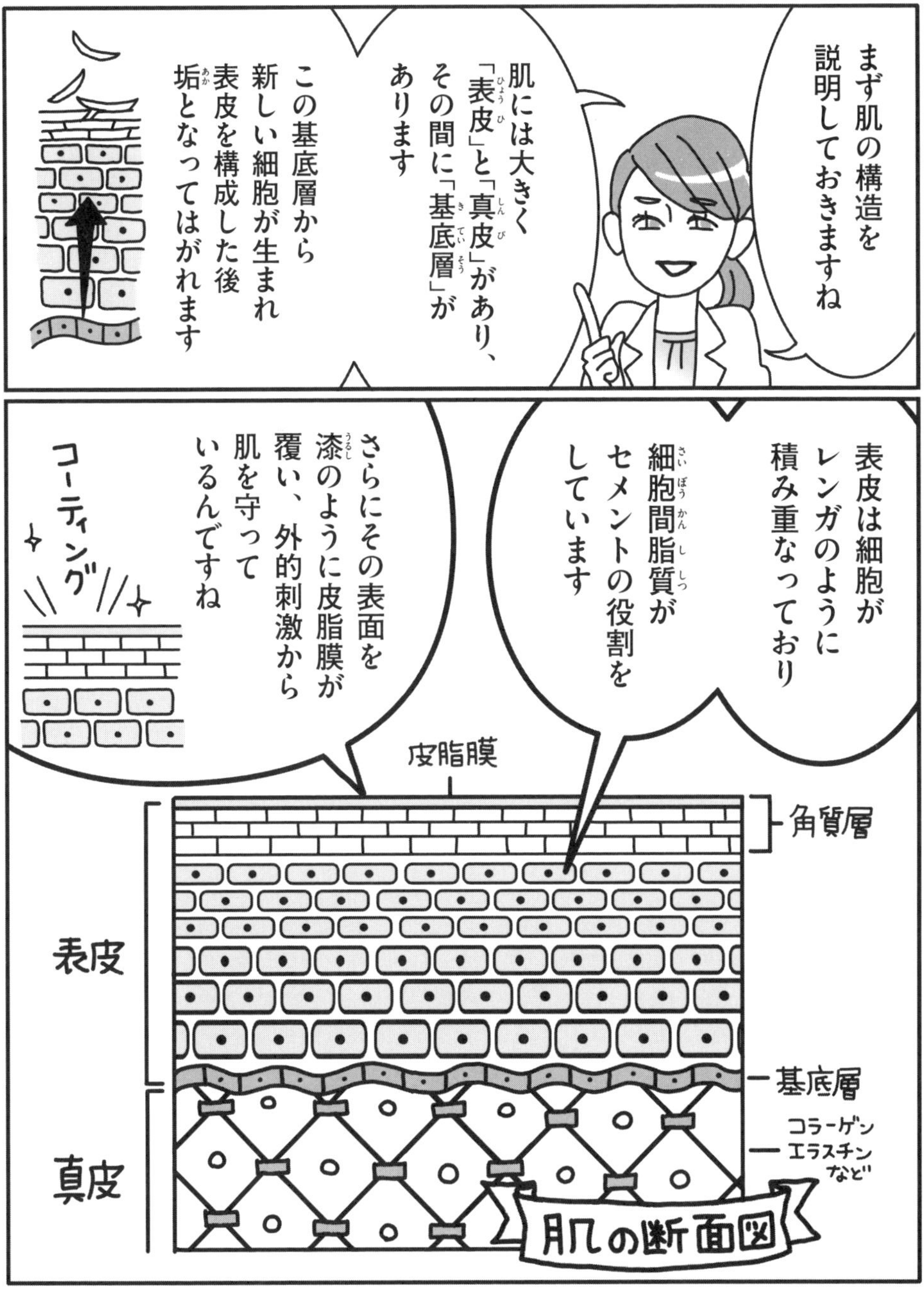
まず肌の構造を説明しておきますね
肌には大きく「表皮《ひょうひ》」と「真皮《しんぴ》」があり、その間に「基底層《きていそう》」があります
この基底層から新しい細胞が生まれ表皮を構成した後垢《あか》となってはがれます
表皮は細胞がレンガのように積み重なっており
細胞間脂質《さいぼうかんししつ》がセメントの役割をしています
さらにその表面を漆《うるし》のように皮脂膜が覆い、外的刺激から肌を守っているんですね
コーティング
皮脂膜
角質層
表皮
基底層
コラーゲン
エラスチン
など
真皮
肌の断面図

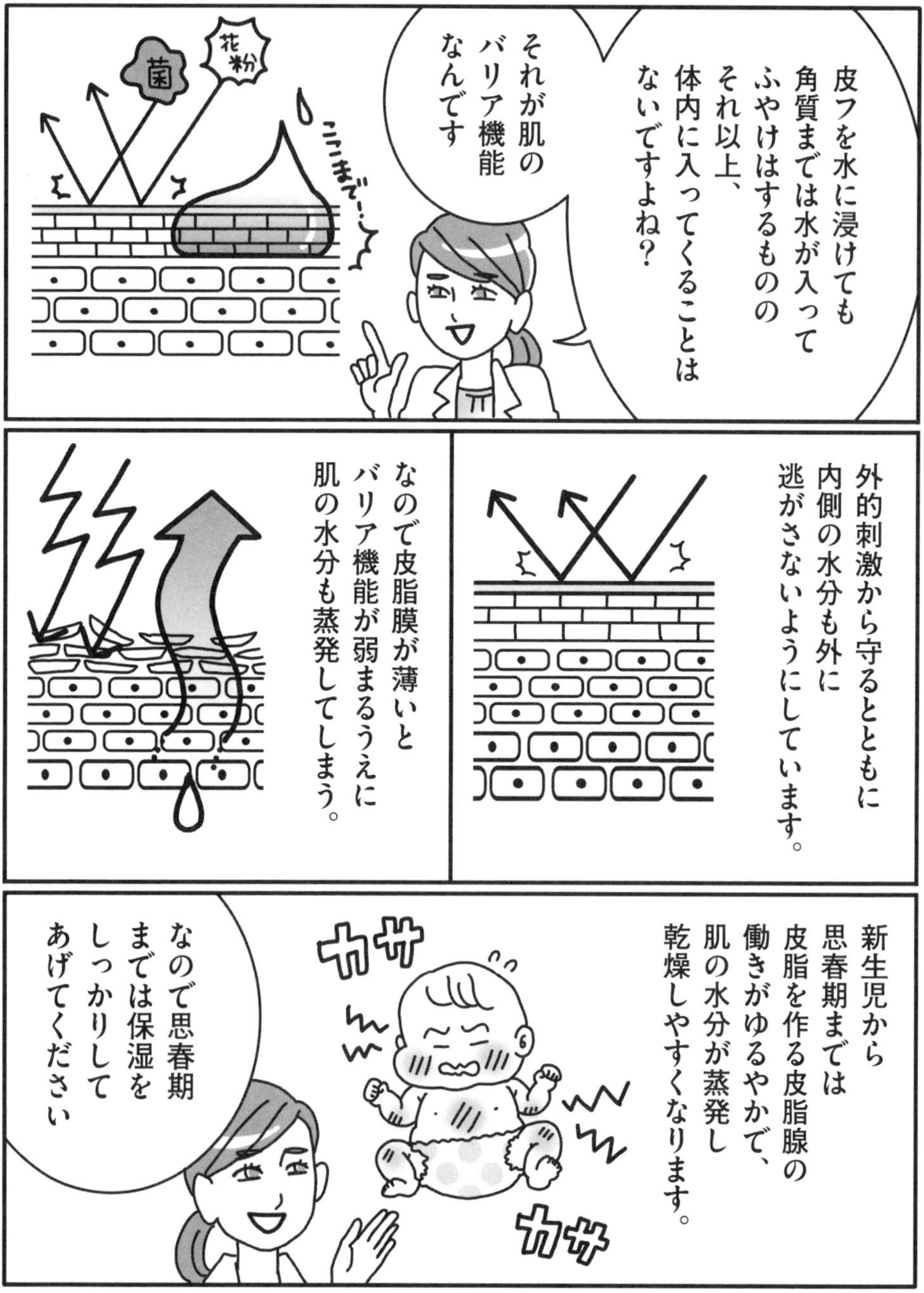
皮フを水に浸けても角質までは水が入ってふやけはするもののそれ以上、体内に入ってくることはないですよね？
それが肌のバリア機能なんです
花粉
菌
ここまで…!
外的刺激から守るとともに内側の水分も外に逃がさないようにしています。
なので皮脂膜が薄いとバリア機能が弱まるうえに肌の水分も蒸発してしまう。
新生児から思春期までは皮脂を作る皮脂腺の働きがゆるやかで、肌の水分が蒸発し乾燥しやすくなります。
カサ
カサ
なので思春期までは保湿をしっかりしてあげてください

娘が赤ちゃんのときはひんぱんにローションを塗ってあげてたけど…
小学生くらいから何もケアしてあげてないわ…
まだ乾燥気味なのか…
肌の状態すら確認してあげてないや…
どのタイミングで保湿すればいいですか？
「食べたら歯磨き」みたいに「洗ったら保湿」と覚えておくといいですよ
そもそも「洗う」という行為はどういうことかというと…
皮フの上についたホコリや汚れを取り去る行為ですよね？
ザー

水だけで汚れが落ちればいいですが…水だけでは落ちない油分を含んだ汚れは洗浄剤を使うしかない。

それ皮脂ーっ
いるやつーっ
ただ角質層の皮脂(=油)も洗い流してしまうことになるので、その分油分を補ってあげるわけです。

「お風呂上がりに保湿」っていうのはそーゆーことだったのか…

私は肌が温かいとしみ込みやすいのかと思ってた…

テキトーな思い込み…

そんな基本のこともわからず何となくでやってたわ…

何を塗ればいいんですかね？

ローション？クリーム？

保湿には2つあって「水分を足す」のと「油分を足す」

水分
油分

大人が使う
化粧水は「水分」、
乳液は「水分」と「油分」が
だいたい半々
クリームだと「油分」が
多めになっています
思春期までの子どもなら
水分も油分も入っている
乳液(ミルクローション)を
乾燥が強ければ
クリームが
いいでしょう
ただ第二次性徴期の
思春期の頃から
皮脂腺が活発になり
皮脂の分泌が増えます。
ベタベタする〜
テカテカになる〜
特に顔は
皮脂が多ければ
洗顔後、
肌の状態を見て、
化粧水だけつけるのでも
いいでしょう。
年齢だけでなく、季節や
住んでいる場所によっても
肌の状態は変わるので、
使いながら調整して
あげてください
あとテクスチャーや
香りの好みもあると
思うのでお子さんと
相談しながら
選んでくださいね

洗顔料ってやっぱり子ども用の方がいいんでしょうか…
そうですね、子ども用のものは油分を落とす成分が控えめになっているのでその方がベターです
顔の皮フは体の皮フよりも薄いので一般用の洗顔料も、もともと優しい成分のものが多くなっています。
そんなに強くないよ〜
洗顔フォーム
ただ思春期前なら洗顔料は使わなくても大丈夫。もし使う場合は必ず後で油分を足してあげてください。
思春期になって皮脂の分泌が増えれば洗顔フォームで洗い流し、後は調整して保湿してください
このあたりは「ニキビ」のところで詳しく説明しますね
とにかく「洗ったら保湿」!!
これがスキンケアの基本です!

あと、すみません！
これは半分、自分のために知りたいんですけど…
洗顔フォームって泡立てて使うべきなんですか？
ネットで
もこもこに
単純に泡立てた方が表面積が大きくなりますからね
ドーッ
たしかに…少量でも泡立てるとめちゃくちゃ増えるもんな…
顔にまんべんなく泡をのせて、くるくると円を描きながら顔全体に伸ばすように。
くる
くる
目の周りは皮フが薄いので泡をのせすぎないようにしましょう

泡に汚れが吸着するのでゴシゴシこする必要はありません
流すときは水かぬるま湯で
私、熱めのお湯で流してました…
泡切れがいい気がして…
…温度が高いと皮脂も流しすぎるのであまりおすすめはしません…
使う量などは、使っている洗顔料によって違うので、しっかり説明を読んでくださいね
う…
そんなの読んだことなかったわ…
老眼だしね…
ちなみに化粧水や乳液のつけ方ってありますか？
手でやるよりコットンを使った方がいいとか…
手でもコットンでもそれほど効果に違いはありません
やりやすいほうでOK！

化粧水は全体にたっぷりと。乳液は油分もあるのでテカリの少ない目の下やほおからつけるといいと思います
私たち大人は化粧水と乳液のセットが基本ですが子どもは状態に応じて、です
子どもの場合思春期前までは油分を足してあげて…
思春期は皮脂が多めなので化粧水だけでもいい…ってことですよね
おさらい
さきほども言いましたが肌の状態は人それぞれなんです
年齢
季節
住んでる地域
持って生まれた肌質
顔も体も皮フには水分と油分が必要であることを基本に
いつ何をどのくらい与えるかは肌の状態をよくみて調整してください
はい!

スキンケア

Column 2

スキンケアの基礎知識

スキンケアとは歯磨きと同様の健康習慣

スキンケアとは「肌を美しくする」もしくは「シミやシワなどのダメージを改善する」ための特別なことと思いがちですが、実は基礎的な習慣のひとつ。歯磨きが「虫歯や歯周病を防ぐため」であるように、スキンケアは「肌を健康に保つため」に行うもの。そのためには、肌を清潔に保つこと、バリア機能を維持し、乾燥を防ぐことが大切。したがって、洗浄と保湿といった基礎的なケアは、誰にとっても必要なことなのです。

肌は年齢とともに変化していきます。思春期までは皮脂腺の働きが活発でないため、乾燥しやすい「ドライ」な状態。そして思春期に入ると、ホルモンの影響で皮脂分泌が増えます。顔はTゾーンが脂っぽくなり、ニキビができたり、毛穴詰まりが起こりやすくなりますし、ボディは背中や胸元が脂っぽくなることがあります。

肌の構造とバリア機能について

肌は大きく分けると「表皮」「真皮」という2つの層で構成されていて、その間に「基底膜」というものがあります。真皮とはコラーゲン、エラスチンなどの皮膚のハリの土台を形成する層。基底膜からは新しい細胞が生まれて、表皮でどんどん成長していきます。表皮は細胞がレンガのようにキレイに積み重なってできており、その隙間には「細胞間脂質」がまるでセメントのように細胞同士をしっかり結びつけています。

そして表皮の一番上にあるのが「角質層」。外部の水分や花粉、異物などが体の中に入るのを防ぐバリア機能を備えています。例えば水に手を入れても、体内に水分が浸透することはありませんよね。それはこのバリア機能のおかげ。さらに皮膚の表面を油である皮脂が漆のように覆い、防水と乾燥を防ぐ役割を担っています。角質層は外的刺激から守るだけでなく、肌の内側からの水分を逃さないという役割もあるため、乾燥を防いで健やかな肌を維持するためには、この「バリア機能が健全な状態」であることが大事なのです。

肌質は子どもに遺伝する？

生まれ持った肌質は遺伝の影響を強く受けているため、子どもは親と似た肌質になることが多い傾向にあります。例えば、親が乾燥しやすく敏感な肌であったり、もしくはアトピー性皮膚炎の症状を持つ場合、子どもも同じような肌の悩みを持つ可能性があります。

ですから、親の私たちの経験にもとづいたスキンケアのアドバイスは、子どもにとって頼りになる情報です。例えば、「ママは敏感になりやすい肌だから、あなたもその可能性があるかもしれないね。だから、乾燥する時期はしっかり保湿をして肌を守ったほうがいいと思うよ」などと伝えてあげるといいでしょう。

思春期以降は「水洗顔」はＮＧ

顔や体を「洗う」というのは、皮膚表面についた垢やホコリ、皮脂汚れなどを取り除く行為。必要に応じて洗浄アイテムを使います。

洗顔に関しては、思春期前の子どもは洗顔料を使用しなくても大丈夫です。思春期になってからは、皮脂の分泌が盛んになるので、洗顔料で洗うようにしましょう。以前は大人の私たちの間でも「朝は水で洗い流すだけがいい」などと「水洗顔」が推奨された時期もありましたが、水だけでは睡眠中に分泌された皮脂汚れが落としきれず、ニキビができたり、肌内部の酸化や炎症によるダメージが起こるなどデメリットが…。そのときの肌の状態にもよりますが、ある程度の年齢になったら洗顔料を使って、朝晩洗顔するのがよいと思います。

弱酸性の洗顔料にこだわる必要なし

洗顔料は、ニキビなどがなければ、刺激の強くないものを用意してあげましょう。使う量は、アイテムによって違うので、子どもと一緒に使い方の説明を読んで確認をしてください。「刺激の強くないもの」と聞いて、「弱酸性の洗顔料」を思い浮かべる方もいらっしゃると思います。確かに肌のｐＨ（肌の健康状態やバリア機能に関係している指標）を弱酸性に保つこと（大体ｐＨ４・５～６の間）で健康的な肌を維持しやすくなります。特に近年、注目が集まっているのが、肌を弱酸性にすることで「マイクロバイオーム（常在菌叢《そう》）のバランス維持」に有効に働くということ。肌表面にはいわゆる善玉菌や悪玉菌といわれる様々な菌が存在していて、肌のｐＨが弱酸性だとこれらのバランスを適切に保ち、病原菌の繁殖を抑え、バリア機能をキープしやすいのです。

とはいえ、弱酸性の洗顔料にこだわる必要はありません。一般的な石鹸《せっけん》や洗顔料は、弱アルカリ性。それは、そのほうが洗浄作用に優れ、皮脂汚れをしっかり落としやすいから。「肌がアルカリ性になってよくないのでは？」と思うかもしれませんが、肌には「アルカリ中和能」という働きが備わっていて、洗顔後、一時的にアルカリ性に傾いたとしても30分後には弱酸性の状態に戻るので、過度に気にしなくても大丈夫です。

体の洗い方については「においのページ（１０４ページ）」で詳しく触れますが、洗浄剤は、肌への刺激が少なく、皮脂を落としすぎない成分で作られた子ども用のボディソープを使うのがおすすめです。

バリア機能を壊さない正しい洗顔方法とは

洗顔料を使うとき、最も大切なことは「泡で洗う」ということ。大人でも洗顔料を泡立てるのは難しい、と感じるようですが、泡立てネットを使えば簡単に泡立ちますので、子どもと一緒にやってみるといいでしょう。なぜ、泡立てる必要があるのかといえば、泡の表面積が増えますし、汚れが泡に自動的に吸着しますから、ゴシゴシとこする必要がありません。そのおかげでバリア機能が崩壊せず、乾燥を防げるのです。

泡立てたら、最初に皮脂量が多いおでこや鼻の「Ｔゾーン」に泡をのせ、転がすようにくるくると円を描きながら、優しく広げていきます。次に、頬や口周りにも泡をのせますが、目の周りは皮膚が薄く繊細なので、あまりのせないようにしましょう。そして、泡を洗い流すときは、ぬるま湯で。熱いお湯を使うと、肌に必要な潤いまで取り去り、乾燥を引き起こすことになります。特に寒い時期の入浴時には、熱いお湯で泡を洗い流したくなる気持ちもわかりますが、できればシャワーの温度を少し下げて、ぬるま湯にしてから顔を洗うように、子どもに伝えてあげると良いでしょう。どうしても熱いお湯で流したいというなら、たっぷりと保湿をすることを声がけしてあげてください。

保湿は水分と油分を補うのが基本

自分の顔や体の水分と油分がバランスよく保たれていれば何もつけないで問題ありません。不足しているようなら外から足してあげることで、肌のバリア機能が強化され、乾燥や外部の刺激から肌を守りやすくなります。

赤ちゃんや幼児の頃は、親が保湿をしてあげていたと思いますが、小学生くらいになると親と一緒に入浴する機会も減るため、子どもの肌の乾燥に気づきにくくなります。バリア機能が弱い子どもの肌は、放っておけばすぐにカサカサ状態に…！　ある程度大きくなったら、自分でケアをするように伝えてあげてください。特に頬や足は乾燥しやすく、時々触れてみて、ザラザラしていたりブツブツがあると感じたら、それは肌のバリア機能が低下しているサイン、いわゆる「鮫肌《さめはだ》」の状態。これは乾燥が原因で起こるものなので、保湿ケアをしっかり行うようにアドバイスをしてあげましょう。

ケアをするなら、保湿には「水分を補うもの」と「油分でフタをするもの」の両方が必要なので、水分と油分の両方をバランスよく含む乳液がおすすめです。乳液とはローションとクリームの中間に位置するアイテムで、顔にも体にも使えて一本でケアが完了しますし、伸びがいいので、お風呂上がりに手早く塗れるのも利点です。

インナードライ肌の場合は水分補給を

思春期の子どもが顔に乳液を使う際は、皮脂が多いTゾーンには塗らず、乾燥しやすい目の下や頬にだけ塗るので十分です。また、頬であってもニキビがあるところは皮脂分泌が多いので、そこには塗らなくてＯＫです。

一方で、肌の表面は皮脂が多くベタついているのに、部分的にカサカサしているなら、インナードライ肌の可能性が。これは肌内部が乾燥しすぎて、肌が自らを守ろうと皮脂が過剰に分泌されてしまっている状態のこと。皮脂が多くてもバリア機能が低下しているので、赤みやかゆみ、ニキビを引き起こしたり、肌がゴワゴワになってしまうことも…。改善するためには、内側にしっかりと水分を補給することが必要で、それにはノンコメドジェニック処方のローションでケアするのがおすすめです。ノンコメドジェニックとは、「コメド」＝「毛穴の詰まりや角栓」ができにくい、ということ。油分を最小限に抑えつつも、水分保持力の高い成分が配合されているため、インナードライ肌に必要な「水分補給＋皮脂抑制」がかなうので、改善が期待できますよ。

皮脂が増えたり、インナードライ肌になったり…思春期の子どもの肌状態はいつも一定ではありません。住む場所の環境にもよりますし、季節によっても変わるため、だいたい3ヶ月ごとにチェックしてあげて、その都度ケアを見直すといいでしょう。

さて次は
ニキビの話
うちの娘
絶賛ニキビに
悩まされ中！
聞きたいっ
私も最近
ニキビが
できちゃって〜
まず
大人のニキビと
思春期のニキビは
同じじゃありません！
ニキビができる
プロセスは
真逆なんです!!
ビシ！
なぬーん
毛穴の構造を
見てみましょう
毛穴には
皮脂を分泌する
皮脂腺が
あります
角層
皮脂膜
皮脂腺
フム
フム

皮脂は皮フの表面を
コーティングしてますが
通常は毛穴に詰まる
ことはありません
ところがある原因で
皮脂が毛穴に
詰まってしまい、
炎症が起きニキビに
なってしまいます
毛穴が詰まる
原因は主に2つ！
1つめ
思春期になると
性ホルモンが分泌され
皮脂腺を刺激し
皮脂量が多くなるので
毛穴に詰まる。
多いよね…
パンパン
2つめ
皮フの細胞は最終的に
垢になってはがれるが
この肌のターンオーバーが
加齢やストレス、
睡眠不足などで
うまくはがれず、
毛穴にフタをしてしまい
皮脂が毛穴に詰まる。
パーンパン
出られないい〜っ

…ということは私のニキビは加齢が原因なんですね…
かなしい…
娘は皮脂が出すぎているのか
そういや顔テカテカしてるもんな…
皮脂が毛穴に詰まると皮フの常在菌である〝アクネ菌〟が毛穴に集まってきます。
皮脂が大好物なのだ!
いただきまーす!
アクネ菌
炎症
アクネ菌が増殖すると皮フが炎症を起こします。これがニキビ。
毛穴が詰まる原因は違えど思春期ニキビも大人ニキビも結果は同じなんですね
さらに言うとニキビには段階があって…

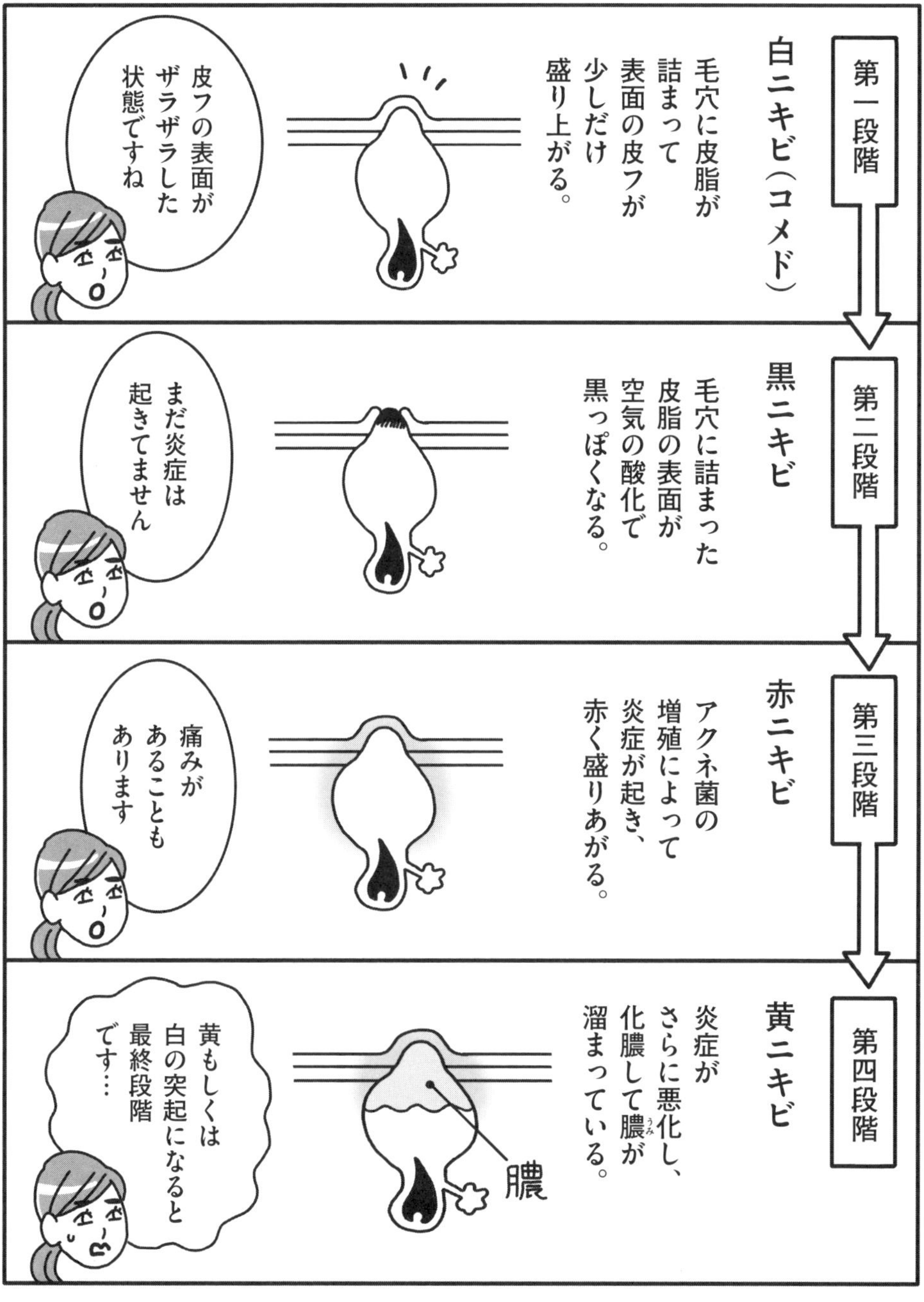
第一段階
白ニキビ（コメド）
毛穴に皮脂が詰まって表面の皮フが少しだけ盛り上がる。
皮フの表面がザラザラした状態ですね
第二段階
黒ニキビ
毛穴に詰まった皮脂の表面が空気の酸化で黒っぽくなる。
まだ炎症は起きてません
第三段階
赤ニキビ
アクネ菌の増殖によって炎症が起き、赤く盛りあがる。
痛みがあることもあります
第四段階
黄ニキビ
炎症がさらに悪化し、化膿して膿《うみ》が溜まっている。
膿
黄もしくは白の突起になると最終段階です…

白ニキビや
黒ニキビまでなら
きちんと洗顔すれば
大丈夫です
洗顔するだけで
角質はある程度
落とせるんですよ
おお！
早速娘に
洗顔フォームを
買ってやらねば！
スキンケアのところでも
言いましたが、
洗顔後は必ず
保湿してください
思春期は
皮脂の分泌が多いので
化粧水だけで
いいと思います
乳液は
つけなくても
OK！
油分は
自前のが
ありますもんね…
赤ニキビや
黄ニキビまで
進行すると炎症が
治まってもニキビ痕が
残る可能性があるので
そうなる前に
治すことが大切！
ぽっかり
つぶさなくても
ボコボコになる
かもしれないいん
ですね…
怖!!

赤ニキビや黄ニキビが2、3個できたら皮フ科で受診してください
なんかニキビくらいで…ってちゅうちょしちゃいます…
ノンノン！
ニキビは「尋《じん》常《じょう》性《せい》ざ瘡《そう》」という名前がついた病気なんです！
病気か～！
赤ニキビが増えそうだったらすぐに病院へ連れて行きます！
病院選びのポイントって何かありますか？
まずは病院のホームページをチェックしてください
「ニキビ治療」と書いてあるところがいいです
ニキビは命に関わらないので、保険が使えない場合もありますが自費で治療するなら選択肢はすごくたくさんありますよ
保険内での治療で治らなかった場合美容医療も検討してもいいかもしれません

ニキビ予防は洗顔以外に何かありますか？
生活習慣とか…
ニキビができやすい食べ物はまず乳製品
でもチーズや牛乳は成長に必要なので
生クリームなどの嗜好品《しこうひん》を控えるようにしてください
あとは糖質
糖質を分解するのにビタミンB1が必要なんですが、ビタミンB1は皮脂の分泌をコントロールする役割があるんです
なので糖質の分解に使われてしまうとコントロールができず皮脂が過剰に出てしまいます
じゃあ生クリームたっぷりのスイーツはダブルパンチですね…
娘… ス●バのフ●ペ●ーノとかしょっちゅう飲んでるぞ…
ストレスや寝不足でも皮脂が出やすくなるので注意してあげてください

あとお子さんがやりがちなのがニキビを隠そうとして悪化させちゃうこと
手で覆ったり…

前髪で隠したり…

雑菌の多い手や髪がニキビに触れてしまうとニキビが進行したり広がったりしてしまいます
もし恥ずかしくてどうしても隠したいときは、アクネ菌の養分になりにくい成分で作られている〝ノンコメドジェニック〟のファンデーションやコンシーラーで隠してあげてください。

へえぇ…

そんなコスメがあるんですね…

思春期ニキビも大人ニキビも基本は洗顔！

それでも悪化するようなら皮フ科で受診！

将来肌に痕が残らないようにきちんと教えてあげたいと思います！

スキンケア

Column 3

ニキビケアの基本は洗顔

ニキビができる原因を知ろう

ニキビとは毛穴に皮脂が詰まることで起こる肌トラブルですが、皮脂そのものが悪者というわけではありません。皮脂は肌を乾燥などの外的刺激から守るためのもので、毛穴の近くにある皮脂腺という器官から分泌される、いわば天然コーティング剤。毛穴を通じて肌の表面に自然に広がっていけば、ニキビになることはなく、むしろ健康的な肌を維持する役目を果たしています。

ではなぜニキビになってしまうのでしょうか。大人でもニキビができることがありますが、思春期の子どもと大人の私たちとでは、ニキビができる原因が違うことをまず知っておきましょう。

思春期のニキビは、急激なホルモン変化が原因です。第二次性徴の段階で性ホルモン（主にエストロゲン）の分泌が活発になります。この性ホルモンが、皮脂腺を刺激して皮脂が過剰に分泌されることに。すると皮脂は毛穴の中に収まりきらず溢《あふ》れ出し、これが古い角質と混ざり合って毛穴を詰まらせるのです。

一方で、大人ニキビの多くは肌のターンオーバー（新陳代謝）の鈍りによるもの。通常、肌細胞は一定のサイクルで古い角質が剝がれ落ち、新しい細胞が生まれるというターンオーバーを繰り返していますが、加齢、ストレス、不規則な生活、睡眠不足などの影響でうまく剝がれずに残った古い角質が毛穴を塞ぎ、皮脂が排出されにくくなることで、毛穴が詰まらせることになります。

思春期の子どもと大人の私たちとでは、原因が違えど、毛穴が詰まる→ニキビができるというのは同じ。毛穴が詰まると皮脂が大好物のアクネ菌が「ここに皮脂いっぱいある！　食べに行こう」と集まってきます。アクネ菌が増殖すると、皮膚が炎症を引き起こしてニキビになってしまうのです。

ニキビには4段階あり

ニキビには4つの段階があります。第一段階として現れるのが「白ニキビ」、別名コメドともいわれています。これは皮脂が毛穴に詰まって盛り上がったもので、手で触れるとザラザラとした感触があります。第二段階の「黒ニキビ」は、毛穴に詰まった皮脂＝白ニキビの表面が酸化で黒っぽくなっている状態。ここまでは炎症は起きていません。次の第三段階は、毛穴にアクネ菌が集まり、皮脂をエサに増殖するのですが、これが炎症を引き起こし、毛穴周辺が赤く腫れて「赤ニキビ」になります。さらに炎症が進むと、第四段階の膿を持った「黄ニキビ」へと変わります。これは免疫細胞がアクネ菌を捕食し、その後に死んでしまった細胞や細菌の残骸が膿として毛穴に溜まっている状態なのです。

ニキビができやすい、できにくいは遺伝する!?

皮脂腺の大きさや数、皮脂の質、ホルモンバランスは遺伝するため、親がオイリー肌であったり、思春期にニキビに悩まされていた場合、子どもも同じような肌質になり、ニキビもできやすい傾向にあります。

逆に思春期にニキビはそれほどできなかったという親の子どもはその肌質を受け継ぎますので、過度なニキビ対策は必要ないですが、思春期を超えたら、乾燥しやすい肌に変わっていくことも覚えておくといいでしょう。

ニキビ予防の基本はやはり「洗顔」です。第二次性徴が始まったら、皮脂が多くなり毛穴が詰まりやすいので「ちゃんと洗顔フォーム使って洗いなさいね」と声がけをしてあげてください。

鼻部分のポツポツとした黒ずみが気になるようなら、タンパク質や皮脂を分解する酵素洗顔料がおすすめ。黒ずみの正体は主に毛が半分、皮脂と古い角質が混ざりあった角栓が酸化したものが半分。酵素洗顔料は角栓を緩めて除去するので黒ずみが目立たなくなります。

またシート状の剝がして角栓を取り去るパックも、昔と違い、最近のものは改良されて肌に優しくなっています。一気にスッキリと角栓が取れるので、週に1回くらいならやってみてもいいと思います。ただ、使いすぎると毛穴が開きやすくなったり、皮脂の分泌が増えたりなど、ダメージを引き起こす可能性があるので、メーカーが推奨する使用法に従ってください。

なかには毛穴を過度に気にして、この手のケアをやりすぎる子もいるのですが、毛穴がない人間なんていません。親から「雑誌に載っているアイドルも、実は画像修正されているから毛穴が目立たないだけ」ということをちゃんと伝えてあげるようにしてください。

そして、洗顔後や剝がすパックを使用した後は必ず「保湿」を！　皮脂分泌が多い思春期の子の肌にはローションの水分補給だけで十分です。つけ方は、手でもコットンでもOKです。メーカーによってはコットンの使用を勧奨するところもありますが、角層の水分量を測ったデータによると、つけ方による違いはありません。子どもがやりやすい方法を選んで大丈夫です。

ニキビができてしまったときの対処法

ニキビができたとき、どんなスキンケアをすべきなのか迷うと思いますが、まず知っておいてほしいのは、スキンケアは基本的に予防のためのものであり、今あるニキビを治すものではないということ、そして段階によって対策は異なるということです。

触ってみてザラザラしているくらいなら、白ニキビや黒ニキビの段階なので、きちんと洗顔していれば解消されます。

また、気をつけるべきことがあります。思春期のニキビはおでこにできやすく、前髪で隠したがる子が多いのですが、これは雑菌が入りやすく悪化するので要注意。子どもが「ブツブツや赤みがあるのが恥ずかしいから隠したい」というのであれば、一時的に低刺激処方で肌に優しいノンコメドジェニックのパウダーファンデーションやコンシーラーでカバーするのも手です。

一方、赤ニキビや黄ニキビが2、3個できてしまったら、皮膚科を受診するようにしましょう。ニキビくらいでクリニックに行くのは大げさじゃない？　と思うかもしれませんが、ニキビは「尋常性ざ瘡」という、毛穴の炎症による皮膚の病気なのです。特に、膿ができた黄ニキビは、つい、指で潰してしまう子も多いと思いますが、雑菌が入りやすくなり、炎症ダメージが真皮層にまで及ぶため、治癒しても肌の表面がクレーターのように凸凹になってしまうことも…。キレイに治すためには、早い段階で皮膚科にて診てもらうのが得策なのです。

私たち親が思春期の頃のニキビ治療といえば、アクネ菌の殺菌や、皮脂を吸着する処置が一般的でした。しかし、最近では、肌のターンオーバーを促して毛穴詰まりを防ぐ薬や、皮脂の分泌をコントロールしながら炎症を抑える薬など、ニキビの段階やそれぞれの肌質に合わせた治療が行えるようになっています。さらに、診察してもらったあとは、一人ひとりの肌に合わせたスキンケアのアドバイスも行ってくれるところも多いので、ニキビを繰り返さないための予防にもつながるでしょう。

クリニックの選び方は？

クリニック選びの際は、まずそのクリニックのホームページで「ニキビ治療」があるかを確認しましょう。ニキビ治療は命に関わるものではないため、保険適用の治療範囲が限られています。けれど、自費診療を含めると治療の選択肢が広がります。例えば、自費診療でしか受けられない美容医療の「ケミカルピーリング」はニキビ治療の効果が期待できますが、保険診療のみのクリニックでは受けられない場合もあります。そのため、最初に、そのクリニックが保険診療のみか、自費診療も行っているか確認する必要があります。自費診療も対応しているクリニックなら、保険診療で効果が見られなかった場合、美容医療も視野に入れた次のステップを検討することができます。様々な治療を試す選択肢が増えるため、ニキビ治療の幅も広がるでしょう。

食事や生活習慣について

ニキビができやすい食べ物を避けることは予防につながります。まず挙げられるのは、皮脂分泌を活発にする乳製品。とはいえチーズや牛乳は成長期に必要なので、生クリームのような嗜好品《しこうひん》を控えるようにしましょう。

次に糖質です。糖の分解にはビタミンB群、特にビタミンB1が必要なのですが、このビタミンB1は間接的に皮脂の分泌をコントロールする役割も担っています。糖分を過剰に摂取するとビタミンB1が不足し、結果として皮脂の過剰分泌につながってしまいます。

さらに、チョコレートはニキビのもと、とよく言われます。カカオはポリフェノールが含まれているのでむしろ美肌効果があるのですが、甘いチョコレートになると糖質が多くなってしまい、加えてナッツ入りのチョコレートなどであれば油分も増えてしまいます。過剰に摂取するのは避けた方が良いでしょう。

そして何より、睡眠不足もニキビには大敵です。睡眠が十分に取れていないと、肌が本来の回復力を発揮できなくなり、バリア機能が低下して乾燥状態に。すると肌が勘違いをして「守らなければ！」と皮脂を過剰に分泌してしまいます。寝不足の朝、顔がテカテカするのも、皮脂が増えたサインなのです。

さらに、人間関係のストレスで自律神経のバランスが乱れ、交感神経が優位になると皮脂が多く分泌されることも。思春期の頃はついおろそかにしがちな睡眠と心のケアが、ニキビ対策のひとつであることも、お子さんにぜひ伝えてあげてください。

サン
サン
はっ
ジャッ
ダッ
!?
フウ…あやうく紫外線を浴びるところだったわ…
くるっ
みなさんご無事で…?
引…
先生は紫外線に村を焼かれたことでもあるんぇか…?
太陽光には「気分をあげる」「ビタミンDを生成し骨を強くする」などのいいこともももちろんあるんですが…
お肌には負担大!!
シミやしわの原因になるので気をつけてください
ヤダー

私もこの歳になったら紫外線が恐ろしくて日焼け対策してますが…娘たちはまだ大丈夫ですよね？

外で走り回ってるけど…

たしかに子どもってどんだけ日焼けしてもシミできないもんね！

我々大人は子どものときからの日焼け貯金が今、満期になりシミやシワとなって出てきてるんです!!

ぎゃあああああ!!

まずは紫外線のことを理解しておきましょう…

地上に届く紫外線には２種類あって…

波長が長く皮フの奥まで届く「UV-A」と波長が短く表皮までしか届かない「UV-B」

UV-B
(B波)

UV-A
(A波)

角質層
表皮
真皮

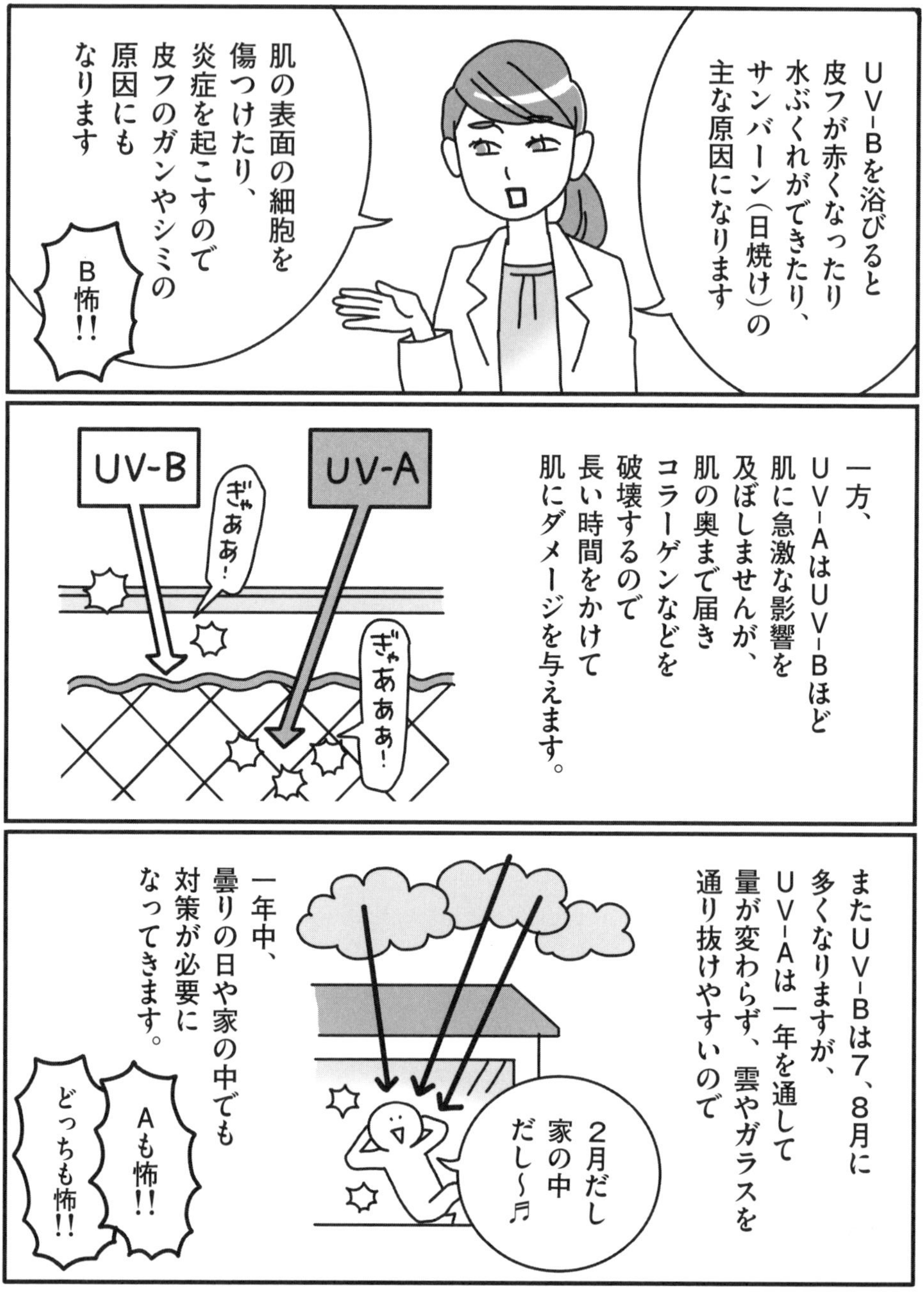
UV-Bを浴びると皮フが赤くなったり水ぶくれができたり、サンバーン(日焼け)の主な原因になります
肌の表面の細胞を傷つけたり、炎症を起こすので皮フのガンやシミの原因にもなります
B怖!!
一方、UV-AはUV-Bほど肌に急激な影響を及ぼしませんが、肌の奥まで届きコラーゲンなどを破壊するので長い時間をかけて肌にダメージを与えます。
UV-A
UV-B
ぎゃああ!
ぎゃあああ!
またUV-Bは7、8月に多くなりますが、UV-Aは一年を通して量が変わらず、雲やガラスを通り抜けやすいので
2月だし家の中だし～♬
一年中、曇りの日や家の中でも対策が必要になってきます。
A も怖!!
どっちも怖!!

最近、夏以外も日焼け対策をした方がいいって聞くのは主にUV-Aから肌を守るためなんですね
なるほど…
そうなんです
子どもたちにはシミ貯金作ってほしくないから、毎日日焼け止め塗らなきゃなぁ…
日焼け止め以外にも物理的遮光も有効ですよ
帽子
日傘
ラッシュガード
最近学校のプールでもラッシュガード着用OKですもんね…
日焼けは火傷ですからね
先生…今さら聞けないでも聞きたい…！
日焼け止めのSPFとかPAってなんですか？
SUNPROTECT
SPF50
PA++
「SPF」はUV-Bのダメージをどのくらい防げるかを数値で示しています。
SPF
10
20
30
40
50
数値が大きい方が効果は高くなります

人にUV-Bを15〜20分
当てると皮フが赤くなる
と言われているんですが…
UV-B
15〜20分
例えばSPF30だと
赤くなるまでの20分を
30倍に伸ばすということ。
20分×30で600分
10時間は
赤くならない
ってことか
充分ですね
ただ!
これは
1㎠あたり2mgの
日焼け止めを
塗った場合で
計算されていて
2mg
1cm
1cm
実際はそんなに多く
塗れていません。
大体⅓〜½
くらいの量と
思ってください
3〜5時間しか
もたないのか〜
それならSPF50を
塗っておけば
安心ってこと
ですよね?
20分×50で
1000分
え…
でも強いと
肌に負担に
なりそう…
特に子どもには
キツいんじゃ…?

SPFが高いからって肌に悪いわけではないので大丈夫ですよ
お子さんにも安心して使えます
よかった！
…でPAというのは…？
PA++
PA+++
なんか「＋」がついてますけど…
PAはUV-Aのダメージを防ぐ効果を示したもの。「＋」〜「＋＋＋＋」の４段階あり、「＋」が多い方が効果が高い。
PA+
PA++
PA+++
PA++++
ただこれは化粧品会社が独自で決めているので明確な基準はありません
そうなんだ！
目安としては…
通学、散歩、買物
SPF10〜20　PA＋＋
屋外で遊ぶ
SPF30〜40　PA＋＋＋
海やプールなど炎天下で遊ぶ
SPF50　PA＋＋＋＋
また、日焼け止めにはクリームや乳液、ジェルなどもあるので塗りやすさ、使いやすさでも選んでください

子どもには
ノンケミカルのものを
選んだ方が
いいんでしょうか？
日焼け止めには
2種類あって…
ひとつは〝紫外線散乱剤〟を
使用しているもの。
鏡のように
光を跳ね返し
紫外線から
肌を守ります。
イメージ
そして〝紫外線吸収剤〟を
使用しているもの。
紫外線を
吸収して
化学変化を起こし、
肌にダメージの
ない物質に
変えます。
イメージ
化学変化を
起こすので、
これを「ケミカル」、
散乱剤を「ノンケミカル」
と言っているだけで、
どちらも悪いものでは
ありません
ただ、どちらにも
メリットデメリットが
あり…
【紫外線散乱剤】
メリット
時間が経っても
跳ね返してくれる
デメリット
白浮きしやすい
ものもあり、
のびが悪い
【紫外線吸収剤】
メリット
白浮きしない
デメリット
一度吸収し
変化させると
死活してしまう

ケミカル、ノンケミカルにこだわることよりも買いやすく、塗り心地がよくて、ちゃんと習慣化できるものがいいです
夏は汗をかくからウォータープルーフのものを選ぶべきですか？
水で落ちにくいということは落とすときは洗浄剤を使うことになります
そうすると洗った後、油を足さないといけませんよね？
スキンケアのとこでやりましたね
子どもだと毎日ケアが大変なのでウォータープルーフは海やプールへ行くときに使用して、普段はノーマルのものでいいですよ
あとスプレータイプのものはムラになりやすいのでベースはしっかり手で塗ってスプレーは塗り直しに使用するのがいいと思います
THE日焼け止め
またスキンケア用の乳液やクリームに日焼け止め機能があっても、その上から専用の日焼け止めをしっかり塗ってくださいね

スキンケア

Column 4

日焼け対策は年中無休

光老化は定期預金のように溜まる!

太陽光を浴びると気分が明るくなる、ビタミンDが生成されて骨が強化されるなどの良い影響もありますが、その一方で紫外線による「光老化」で、私たちの肌にダメージを与えています。色が黒くなったり、シミが増えるだけでなく、真皮層にあるコラーゲンやエラスチンなどのハリを支えているタンパク質繊維を破壊してしまうので、たるみや深いシワが出現。さらに言えば、皮膚のDNAも傷ついて、怖い話、皮膚がんのリスクが高まることもあります。

とはいえ、子どものうちは、紫外線を浴びても回復力があり、赤くなったり黒くなったりしても、時間が経つと元に戻ったように見えるので、つい無防備になりがちです。でも、知っておいてほしいのは、「紫外線を浴びるごとに定期預金のように、光老化を肌に蓄積し続けている」という事実。ある程度年齢を重ねると、その蓄積が満期を迎え、シミやシワ、たるみなどの加齢トラブルとして、肌にドッと現れてしまうのです。つまり子どもの頃から紫外線対策をしないと、光老化預金は着々と増え、満期になる日が早まります！　過度に神経質にならなくてもいいですが、将来、後悔しないように、その事実を子どもに伝え、早めの対策を習慣にしましょう。

日焼け止めは通年使用を

紫外線対策の第一歩は、やはり日焼け止めです。紫外線が強い夏だけ塗ればいいのでは？　と思いがちですが、一年中行う必要があります。

なぜなら、紫外線にはUV‐A（紫外線A波）とUV‐B（紫外線B波）という2種類の波長があり、それぞれ、降りそそぐ季節や皮膚に対する影響が異なるからです。UV‐Aは波長が長く、皮膚の深いところまで届き、肌の奥にあるコラーゲンやエラスチンなどの真皮の弾力繊維にダメージを与えてシミ、シワ、たるみを引き起こす原因になります。しかもこのＵＶ‐Ａは、照射されても熱を感じることがなく、一年中、晴れでも曇りの日でも量が変わりません。また、ガラス窓を通過するため、家にいても気づかないうちに浴びてしまうのです。

一方、7月や8月に最も多く降り注ぐＵＶ‐Ｂは波長が短く、肌の表面に作用します。長時間浴びると、赤みや炎症、水ぶくれを引き起こす「サンバーン」と呼ばれる火傷状態に…。さらに炎症によって刺激を受けたメラノサイトは、メラニン色素を過剰に生成し、これが色素沈着してシミにつながります。

通学で日光を浴びる時間が長い子、外での活動が多い子には、しっかりと日焼け止めを塗るように伝えてあげましょう。ただし、日焼け止めを塗ったからといって、紫外線を１００％遮断できるわけではありません。そのため、「物理的な遮光」も大切です。子どものうちから帽子をかぶるように指導したり、海に出かけるときには、ラッシュガードを着用するなど、服装でもしっかり肌を守る対策も取ると良いでしょう。

● 紫外線の種類

項目	UV-A	UV-B
波長の特徴	波長が長く、肌の深部（真皮層）まで到達	波長が短く、肌の表皮層に到達
影響	光老化（コラーゲン、エラスチン破壊によるたるみ、シワ、蓄積的ダメージでシミを形成）	サンバーン（赤み、炎症、水ぶくれ、メラニン生成促進、炎症反応でシミを形成）
季節による変化	年間を通じてほぼ一定	夏（特に7～8月）に増加
肌への感じ方	赤くならず、熱も感じにくいので、自覚しづらい	サンバーンで赤くなりやすく、日焼けを自覚しやすい

日焼け止めのＳＰＦとＰＡとは？

日焼け止めのパッケージに書いてあるＳＰＦとＰＡとは紫外線防御効果を示す指標のことです。

まず、ＳＰＦとはＳｕｎ Ｐｒｏｔｅｃｔｉｏｎ Ｆａｃｔｏｒの略。ＵＶ‐Ｂによって肌が焼けて赤くなるまでの時間を、どれだけ遅らせることができるかを数値で表しています。何も塗布していない肌がＵＶ‐Ｂを20分ほど浴びると赤くなり始めますが、ＳＰＦ30の日焼け止めを塗ることで、赤くなるまでの時間が30倍に延長されます。つまり、20分×30＝６００分、すなわち約10時間にわたって紫外線を防ぐ効果が期待できることを示しています。ただし、理論上では、SPF30の日焼け止めを塗った日は、一日中紫外線を防げることにはなるのですが、これには注意が必要です。このレベルの紫外線防止効果を得るためには、1平方センチメートルあたり2ミリグラムの日焼け止めを塗ることが大前提。けれども、実際にこの量を塗ると相当な厚塗り状態になるのです。

皮膚科の先生方の調査によると、普段、多くの人が日焼け止めを塗っている量は、この推奨されている量の約3分の1から2分の1程度、とのこと。するとSPF30の日焼け止めを使用しても、効果は20分を30倍ではなく10倍から20倍程度に。数値でいえばSPF15程度にしかならないということも、知っておかねばなりません。

一日、家の中で過ごし、ちょっと外に出るくらいならSPF15〜20の日焼け止めで十分ですが、1時間以上外に出るような場合には、SPFが高いものを使用した方が安全です。また、スキンケアで使用する日中用乳液のなかには、SPF値を記載しているものもありますが、この手のものはのびがとてもよく厚塗りにはならないので、紫外線防止効果はかなり弱め。これだけですませないで専用の日焼け止めを塗るようにしましょう。

子どもに日常的に使用する場合の数値の目安は、SPF30をたっぷり塗るのが適切だと思います。アウトドアで遊ぶ場合はSPFが50あると安心です。もし、日常使いとアウトドア用の2つを使い分けるのが面倒…ということであれば、SPF50を1つ用意しておけばOKです。以前とは異なり、今どきのSPF50の日焼け止めは改良が重ねられ、快適な使用感になっていますので、厚めに塗っても重さを感じませんし、紫外線からの防御時間が延びるだけで、肌への悪影響はありません。

もうひとつの数値、PAとは、Protection Grade of UVAの略で、UV-Aによる肌へのダメージを防ぐ効果を示す指標です。PAの評価は化粧品メーカーが独自に定めており、PAの「+」の数が多いほど、プロテクト効果が高いことを示していて、最も高い数値が「PA++++」。日常使いでは、PAが「++」や「+++」のもので十分です。

効果が変わる！日焼け止めの選び方と正しい塗り方

日焼け止めには乳液タイプ、ジェルタイプ、スプレータイプに加え、水や汗で落ちにくいウォータープルーフタイプなど様々な種類がありますので、どれがベストなのか迷ってしまう人も多いのではないでしょうか。

乳液タイプ、ジェルタイプなら、どちらでも好みのテクスチャーや使いやすさで選ぶのでOKです。スプレータイプは手を汚すことなく、届きにくい背中まで塗りやすいというメリットはあるのですが、ムラになりやすいので、塗り直しのときに活用するのがいいでしょう。そして、ウォータープルーフタイプの場合は、洗顔料やボディソープでだけでは落としにくく、専用クレンジングが必要なものもあるので、プールや海に行くとき限定で使うといいでしょう。

そして大事なのは塗り方。紫外線から守る効果に大きく影響しますので、子どもに正しい塗り方を伝えるようにしましょう。露出する肩、腕、脚に塗る際は、日焼け止め乳液、またはジェルを線状にのせて、垂直方向に塗り込むように手のひらで均一に伸ばしていきます。顔に塗る場合は、スキンケアの一番最後に。指先で伸ばすように塗ると塗りムラができやすいので、人さし指、中指、薬指の腹を使って、軽い力でたたくようにしながら、顔全体に均一にフィットさせましょう。順番はこだわらなくてもいいですが、おでこ、鼻、頬、口元とパーツごとに塗っていくと、塗りもれがなく、うっかり日焼けを防ぐことができます。

子どもはノンケミカルを選んだほうがいい？

日焼け止めに入っている紫外線をカットする成分は「紫外線散乱剤」と「紫外線吸収剤」の2種類があります。紫外線散乱剤は、肌の表面に膜を作り、鏡のように紫外線を反射、散乱させることで、物理的に紫外線から肌を守ります。効果が比較的長時間持続しやすいのが利点。紫外線散乱剤のみで作られた日焼け止めは「ノンケミカル」と表示されることがあり、化学反応によらないため敏感肌にも適しています。

一方で、紫外線吸収剤は、紫外線を一度吸収してから、化学反応で熱や赤外線などのエネルギーに変化させて放出させる仕組み。透明なので肌に塗っても白くならず、なじみやすいのが特徴です。

以前は、紫外線散乱剤を使用したノンケミカルの日焼け止めは白浮きやキシキシ感がありましたが、改良が進み、肌なじみやテクスチャーがかなり良くなっています。また、紫外線吸収剤を使ったケミカルの日焼け止めは肌への負担が懸念され、子どもや敏感肌には避けるべきとされていましたが、最近では安全性が向上し、肌に優しい成分が使われるようになっています。

日焼け止めも年々進化していますので、ノンケミカル、ケミカルにこだわらず、継続できる価格帯で、子どもにとって塗り心地がいいものを選んで、肌の健康のため、親子で毎日塗るように習慣化しましょう。

ARATA'S TALK②

私のニキビ失敗談

高校生のとき、ニキビに悩まされました。二つ上の姉は、美人な上に、お肌もツルツル。さらに、テレビを見ても雑誌を見ても、ニキビがある人などいなくって、誰かと目が合うたびに、「私のニキビを見ていたのかな？」「汚いと思われたのかも…」と思い悩むくらい、コンプレックスの塊でした。

当時は、正しい治療法などもどこにも載っておらず、我流でなんとかしようと四苦八苦。ニキビを自分で潰すまではいかないまでも、スクラブ洗顔料でゴシゴシ洗ったり、汚れの吸着力が上がると思って、洗顔料をつけたまま放置したり、化粧水やクリームをあれこれ変えてみたり…。スキンケアという行為が「治療」だと思っていたんですね。

「ニキビ」の項でも書きましたが、「今」あるニキビは、治療しないと治らないし、スキンケアは「次」のニキビの予防。両方で対処しないと、ニキビはなくならないのです。

苦労した昔を思うと「ニキビがあって良かった」とまでは言えませんが、苦い失敗や治った喜び、マイナスからスタートして人並みのキレイな肌になれた自分だからこそ、美容に携わるにあたってできることがあると思います。

まずは、お肌に悩んでいる人に、「すぐに韓国アイドルみたいにツルツルにっていうのは難しいかもしれないけども、時間をかけて肌の向き合い方を変えれば、悩む必要がないくらいまでの肌には絶対になれますよ」と、自分の経験を踏まえて、お伝えしたいです。

Volume. 3

ボディケア

Body Care

うちの娘、美容意識が高くって、とにかく見た目を気にするんですよ
最近は…
ぎゃ!! また太った!!
ママ!!
これからはお米食べない!!
おかずはサラダにして!
もちろんドレッシングはノンオイル!
お菓子はこれ作って!
おからクッキー!!
ヘルシーおからクッキー
めんどいわ…ってお菓子は食べる気?
…ってうるさくって
100gで一喜一憂…
思春期はどうしてもふっくらする時期ですからね

娘が体形を気にしだしたら親が気をつけてほしいことは…
あんた太ったんじゃない？
ニヤニヤ
と茶化したり
そんなに食べると太るわよ
と「太る＝ネガティブ」な声がけをしないこと。
私も中学生のとき母に「デブねー」って笑われたの、いまだに忘れられない
フフ…
ヒド!!
何十年も傷として残ってるじゃん！
「太っている」「痩せている」は人によって感じ方も違うので安易に親がジャッジしないこと。
あのコはスラッとしてるのにあなたは…
他人と比べるのは最悪ですよね…

食べすぎていたり
逆に全然
食べなかったりしていたら
「健康を害するから」と
声がけしてあげて
ください。
それでは
健康に
よくない
わよ
子どもが体形を
気にしだしたら
それを機会に
性教育も含め体の話を
してあげるといいかも
しれませんね
詳しくは
「娘に伝えたい
性の話」を
読んでね！
編集K
女性には「幼児期」
「思春期」「青年期」
「更年期」「老年期」の
5つのタームがあって…
幼児期
←
思春期
←
青年期
←
更年期
←
老年期

思春期と更年期は
特にホルモンの変化が
大きい時期。
ホルモン
思春期はホルモンを
作らないといけない時期
なんですね
なので
ホルモンの元になる
コレステロールや
脂肪が必要で、
そのためにはある程度
脂肪を蓄えておかないと
いけない。
ふっくら…
思春期に
体が丸みを帯びるのは
そのため。
自然なこと
なんですね
私、その時期に
ぽっちゃりして
きたのがイヤで
無理なダイエット
しちゃいました…
そしたら生理が
止まっちゃって…

そうなんですよね
この時期に不自然に太りすぎたり痩せすぎたり月経が止まったりすると次にくる青年期に影響が出ることも
後悔してます!!
痩せすぎた妊婦から生まれた子どもは将来生活習慣病になりやすいというデータもありますしね
将来生まれてくる子にまで影響が…
私は骨密度も減っちゃったよ…
でもそんな話をしても娘たちはどこか自分事じゃなくて
それでもとにかく痩せたい!!
…ってなりそう
私も両親に注意されたけどやめなかったもんな
なるなる

先程も言ったように
更年期もホルモン変化の影響で
太りやすい時期
もし娘の思春期と
自身の更年期が
重なるようなら
「一緒に気をつけていこうか」
という感じでやってみては
どうですか？
なるほど…
ダイエットに
興味を持つ機会に
正しい食生活を
一緒に考えてみても
いいかもしれませんね
若いうちはとにかく
カロリーを気にしがち
なんですが大切なのは
どの栄養素を
どれだけとるか
ですからね
ダイエットの情報が
あふれすぎていて
何をやったらいいのか
私もわかんなくて
糖質制限？
プチ断食？
本当に基本の
ことでいいん
ですよ

まず食事で気をつけたいことは「バランスよく食べる」
主食
副菜
主菜
果物
牛乳・乳製品
家庭科で習ったヤツだ
和定食がお手本ですね
一汁三菜
「タンパク質をしっかりとる」体の成長には動物性タンパク質が不可欠！
とはいえ動物性タンパク質は脂質も多いので赤身の肉がおすすめ
牛乳、乳製品は日本人には消化しづらいのでほどほどに
「食べる順番を考える」
サラダなど野菜から食べることで血糖値の急な上昇を抑えることができます
食物繊維を多くとると便通もよくなりますからね！

「なるべく
シンプルな味付けを
心がける」
煮魚よりは焼き魚
砂糖は
中毒性があるので
なるべく控えて
塩などで
素材の味を活かす
シンプルな味付けを！
過度な糖質制限は
しないでくださいね
お菓子や清涼飲料水は
控えるべきですが
主食の炭水化物や
根菜、芋類はちゃんと
食べてください
パンや
ご飯は
抜いちゃダメ
なんですね
娘に言わなきゃ！
できればパンよりもお米！
さらに冷えたご飯は
腸内細菌の餌になる
「レジスタントスターチ」
という糖質が増えるので
おすすめです。
甘いお菓子の代わりに
玄米や雑穀米で作った
おにぎりを間食に。
具を鮭などの
タンパク質にすれば
満点です！

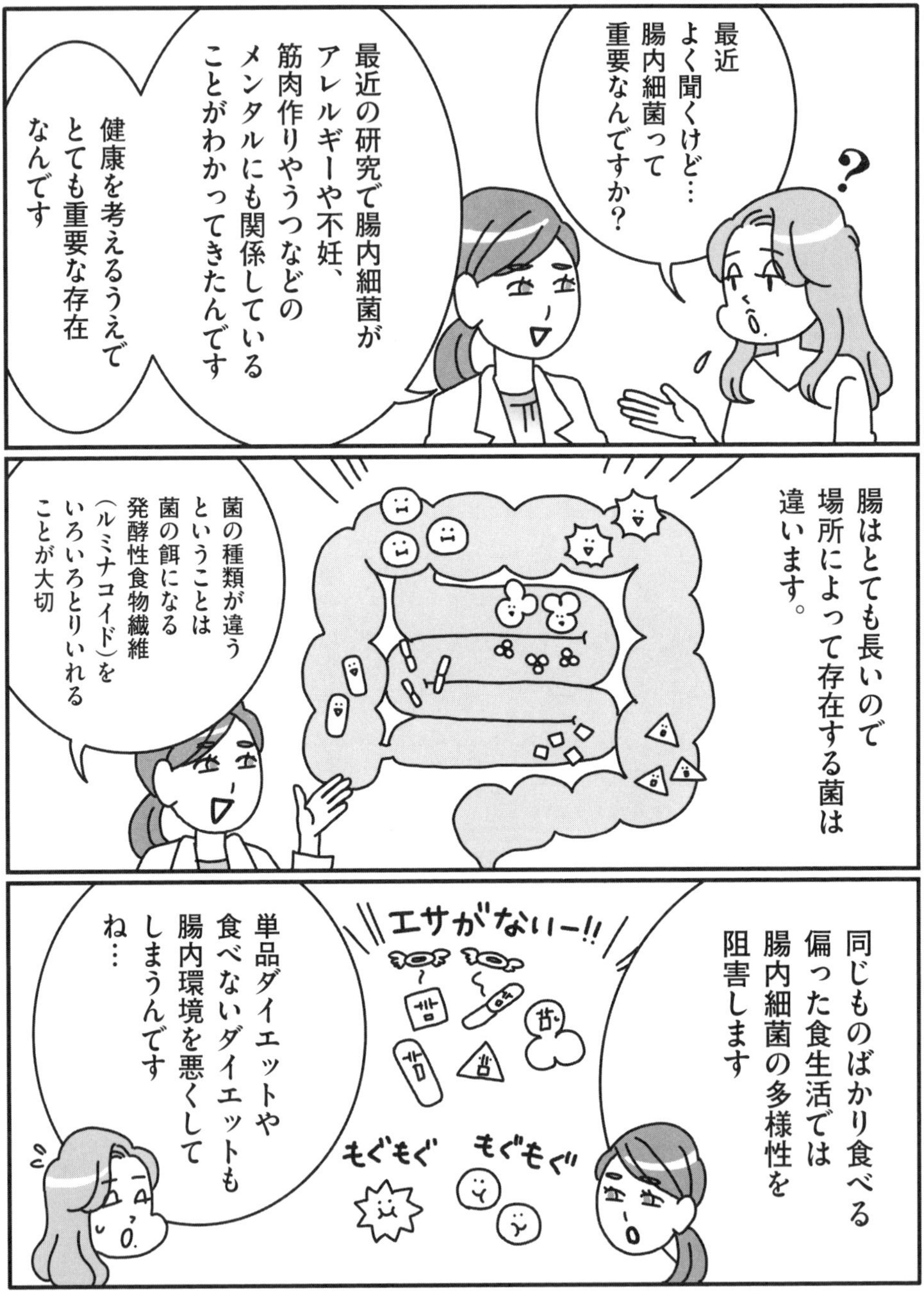
最近よく聞くけど…腸内細菌って重要なんですか?
最近の研究で腸内細菌がアレルギーや不妊、筋肉作りやうつなどのメンタルにも関係していることがわかってきたんです
健康を考えるうえでとても重要な存在なんです
腸はとても長いので場所によって存在する菌は違います。
菌の種類が違うということは菌の餌になる発酵性食物繊維（ルミナコイド）をいろいろとりいれることが大切
同じものばかり食べる偏った食生活では腸内細菌の多様性を阻害します
エサがないー!!
もぐもぐ
もぐもぐ
単品ダイエットや食べないダイエットも腸内環境を悪くしてしまうんですね…

腸内細菌の多様性を守るためには結局いろんなものを満遍なく食べるのが一番なんです。
もぐ
もぐ
腸内細菌育成ゲームと思って食べます…
あと運動に関してはとにかく歩くこと！
お尻や太もも、下半身には特に大きな筋肉が集まっています
下半身の大きな筋肉を鍛えることで効率良く基礎代謝を上げることができるんです
歩くことで動脈が拡張し血流もよくなりますよ
いいことしかない!!
歩きます!!
無料だし!!

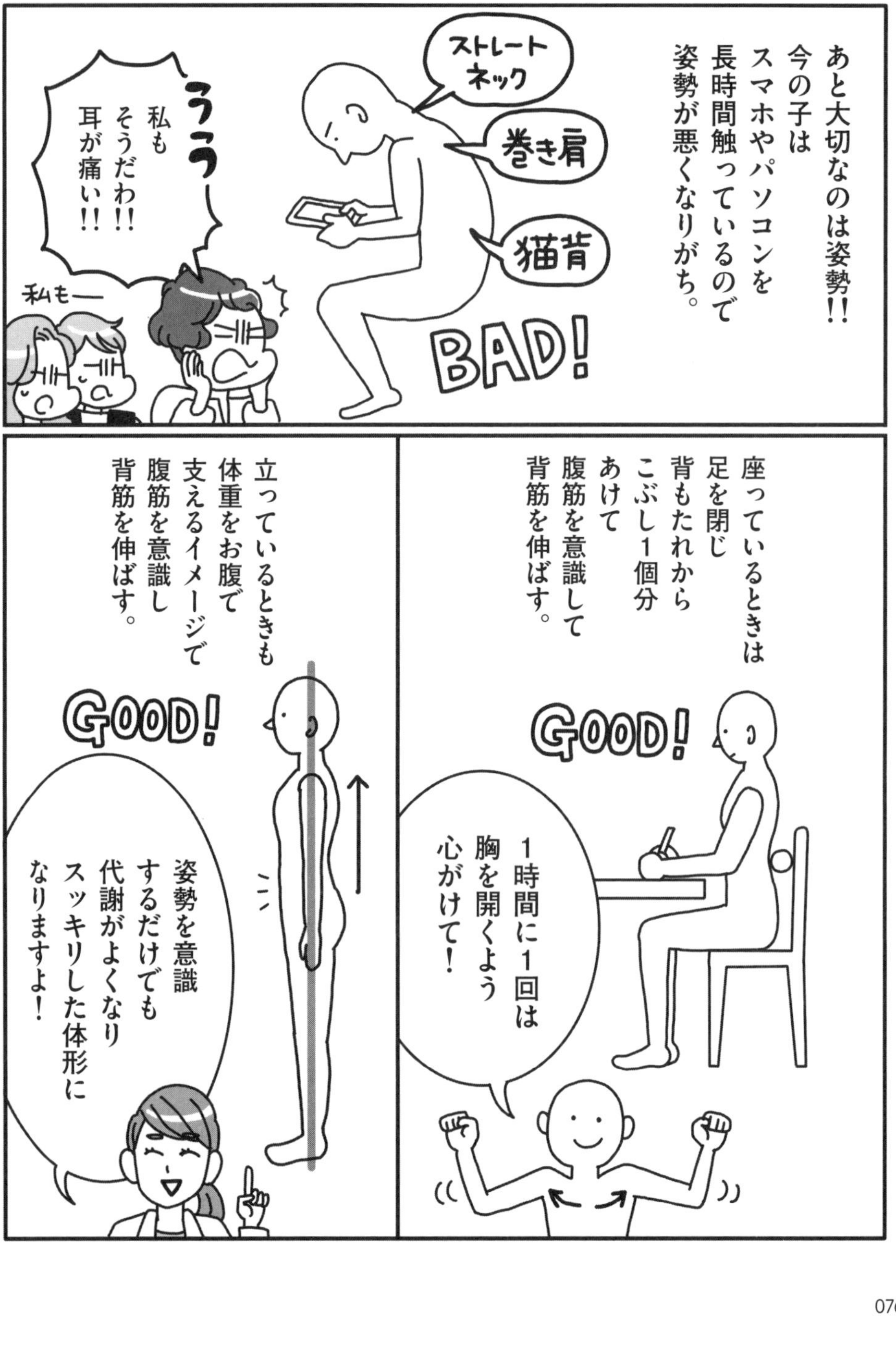
あと大切なのは姿勢!! 今の子はスマホやパソコンを長時間触っているので姿勢が悪くなりがち。
ストレートネック
巻き肩
猫背
BAD!
ウウ
私もそうだわ!! 耳が痛い!!
私もー
座っているときは足を閉じ背もたれからこぶし1個分あけて腹筋を意識して背筋を伸ばす。
GOOD!
1時間に1回は胸を開くよう心がけて!
立っているときも体重をお腹で支えるイメージで腹筋を意識し背筋を伸ばす。
GOOD!
姿勢を意識するだけでも代謝がよくなりスッキリした体形になりますよ!

あとはお母さんのダイエット失敗談を聞かせてあげるといいかもしれませんね
みなさんも失敗談のひとつやふたつあるでしょ？
ありますあります!!
私も中学生の頃、婦人科系の病気の副作用で20kgも太ってしまったことがあって
それがきっかけで摂食障害になってしまったことがあり体を壊しました…
先生ですらそんなことが
そこまで深刻な話じゃなくても、親もいろんな体験してきていると知れば子ども達も何かあったとき相談しやすくなると思うんですね
体形のことに悩んでいたら健康な体作りを一緒に考えてあげてください

ボディケア

Column 5

バランスよく食べ健康的な体形を

「太ったわね」「太るわよ」はNGワード

思春期になると、女性の体内でエストロゲンという女性ホルモンの分泌が増加するのですが、このエストロゲンには脂肪を蓄える役割があり、これによって女性らしい丸みのある体つきになってきます。ですから思春期にふっくらするのは当たり前。まずはこのことをしっかりと伝えてあげましょう。

特に体形を気にしている子には、「太ったわね」とか「そんなに食べると太るわよ」ということは言わないように気をつけてください。たとえ冗談のつもりでも深く傷ついたり、「太る＝ネガティブなこと」と受け止めたりしてしまいますから。

もちろん肥満という病気レベルになるのは問題なのでケアは必要ですが、体形は人それぞれ。「〇〇ちゃんはスラッとしているわね、それ比べてあなたは…」と比較するのもよくありません。痩せている子もいれば、ぽっちゃりしている子もいますし、それは個性の範疇《はんちゅう》。「太っている」「痩せている」は人によって感じ方が違うので、親が安易に感覚でジャッジしないようにしましょう。

ただ、だからといって何も気にせず、無制限にご飯もお菓子も食べていい、ということではありません。食べすぎは健康を害することがあることは伝えてください。

私の場合、お菓子をたくさん食べてしまう子には「そんなに食べたら太っちゃうよ」という代わりに、「きちんと栄養をとらないと風邪を引きやすくなったり、感染症にかかりやすくなったりするのよ」とわかりやすく伝えてあげるようにしています。

自分の失敗談を伝える

思春期に食べすぎて太りすぎたりすることだけでなく、無理なダイエットをして痩せすぎたりすることも、当然、健康に悪影響を及ぼします。具体的には生理が止まったり、大人になってから骨密度が急激に減ったり、将来、産む子どもが生活習慣病にかかりやすくなったりする可能性が高くなってしまいます。

とはいえ、太ったことをとても気にしている子に「無理なダイエットはダメ」とだけ伝えても「それでも、とにかく今、痩せたいの！　今が大事なの！」と「痩せたい」の一点張りになってしまうかもしれません。そういうときは「実はママもね、あなたと同じくらいの年齢の頃、ダイエットしたんだけれど、うまくいかなくて…」と自分のダイエットの失敗談を話してみてください。私もそうですが、みなさんもダイエット失敗談、お持ちですよね。「私も通ってきた道だからよくわかるのよ」と共感を示したうえで「ママも更年期のせいか、最近太ってきたから、一緒に気をつけてみようか」と、食事の見直しや運動、極端なダイエットのリスクについても話し合ってみてください。コミュニケーションも取れますし、無謀なダイエットの抑止力になる、と私は思っています。

カロリーではなく栄養素に注目を

今は健康情報やダイエット情報が、テレビやSNSで簡単に収集できてしまうため、逆に情報が多すぎて何が正しいのか、どれを取り入れたらいいのかわからなくなりがち。ミーハー的に、「良さそう！」と思ったものを取り入れることも悪くはないのですが、①バランスよく食べる、②タンパク質をしっかりとる、③食べる順番を考える、④なるべくシンプルな味付けを心がける、という基本的なことこそが大事だと私は考えています。

【①　バランスよく食べる】

健康を維持するために必要な基本の栄養素は「炭水化物」「脂質」「タンパク質」「ビタミン」「ミネラル」で、バランスの良い食事によって、これらの栄養素を摂取することができます。ですから「糖質制限のために炭水化物を抜くダイエット」は、健康を害することも…。炭水化物は大切な栄養素。中でも冷えたご飯や芋類は、血糖値の上昇を抑えたり、腸内環境を整える効果がありますので、甘いお菓子の代わりに、玄米や雑穀米で作ったおにぎりや、蒸したさつまいもを冷ましておやつにするのはおすすめですよ。

【②　タンパク質をしっかりとる】

良質なタンパク質は筋肉を増やすので、太りにくくなりますし、メリハリのあるキレイなボディ作りには欠かせません。特に脂質が少ない赤身肉やお魚は普段の食卓にも積極的に並べましょう。

【③ 食べる順番を考える】
ビタミン、食物繊維が豊富な野菜から食べることで血糖値の急な上昇を抑えることができるうえに、満腹中枢が刺激されるので食べすぎ防止にもなります。まずは「サラダから食べると血糖値が急激に上がりにくくなるから病気になりにくいのよ」と説明して、食事のたびに「野菜から食べてね」と伝えるといいでしょう。

【④ なるべくシンプルな味付けを心がける】
お料理にお砂糖を使うのは、なるべく控えてほしいところ。そもそも甘味とは、味覚の中でも最も強い快感をもたらすと言われていて、脳内で幸せホルモンと呼ばれるβ－エンドルフィンやドーパミンを分泌するから、中毒性がありなかなかやめることができなくなる、ということを、私たち大人も覚えておきましょう。

例えば、焼き肉の食べ放題はそれほど食べることができなくても、スイーツの食べ放題は、意外とたくさん食べられちゃう。というのは、甘味は美味しくてクセになるうえに、食欲を増進してしまう作用もあるからです。特にお菓子や清涼飲料水の人工甘味料に慣れてしまうと、強い甘味でないと美味しいと感じなくなるので要注意。

このことは子どもにも具体的な例を挙げて、きちんと伝える必要があると思います。

食事の味付けはできるだけシンプルに。素材の味を活かして、塩だけにするように変えていきましょう。

清涼飲料水とスイーツの食べすぎを避けるべき理由

甘味はクセになる、とお伝えしましたが、それに関連して、危険だなと思うのが、最近耳にする「ペットボトル症候群」。糖分の多い清涼飲料水を大量に飲み続けることで発症する急性の糖尿病のことです。糖分が同じでも「固体」と「液体」なら「液体」のほうが吸収されやすいので、水分補給のために清涼飲料水を飲んだり、ご飯と一緒に甘いジュースを飲んだりする習慣は、将来の糖尿病のリスクが高まるので、今すぐやめましょう。

また、スイーツの食べすぎも要注意。あの美味しさは大量の糖質と脂質でできているので、脂肪が蓄積しやすいのは当然のこと。さらに糖質によって分泌されるホルモン、インスリンが脂質の蓄積を促進させる性質も重なって、たとえ同じカロリーでも他の栄養素の組み合わせよりも、糖質と脂質のコンビは太りやすいのです。

とはいえ「スイーツは糖質と脂質の量が多いのよ」と言葉で伝えても、子どもには、なかなか実感がわかないでしょう。そこで、スイーツに使用している砂糖やバターの量を伝えるためにも、一緒にケーキやクッキーを作ってみてはいかがでしょうか。実際に作ってみると、「こんなにたくさん砂糖を入れないと、この美味しい味にならないの!?」と理解してもらえますよ。

現実を知ると自然に食べたくなくなることもありますし、お家では甘い清涼飲料水は飲まずにお水かお茶にする、糖分は旬のフルーツやさつまいもに変えるなど、健康的な飲み物やおやつへと徐々にシフトしてみてください。そうすると素朴で自然な甘さのもののほうが美味しいし、ヘルシーだということを舌と体で実感できるようになるでしょう。

ダイエットにジム通いは必要なし!

今をときめくタレントやインフルエンサーが「ジムで筋トレしています!」「こんな美容機器でボディケアしています」と言っているのを見て「私もジムに行きたい!」「ボディケアのマシンを買って」とおねだりされることがあるかもしれません。でもそんな高いお金を使う必要はなくて、とにかく歩く!　これだけで十分です。ウォーキングは、太もも、お尻などの下半身の大きな筋肉を鍛えることができるため、体全体の血流がアップしますから、効率よく基礎代謝を上げることができます。

こういうときも、自分の失敗談は有効。「ママもいろいろとマシンを試したけど、痩せなかったわ」と体験談を伝えつつ、「一緒にウォーキングしようよ」と誘ってみましょう。

また、美しい姿勢はスタイルアップにつながりますので、正しい姿勢をキープするように、環境を整えることも大事。例えば、スマホを見るときは、うつむいてしまうので、猫背がクセになってしまいます。とはいえ、スマホを使うな、というのは無理な話。これから一生付き合っていくものなので、正しいポジションで見る習慣が身につくように、スマホを見るためのスタンドを与えて、さらに使う時間も決めるのがベスト。また勉強机も、タブレット学習用に高さが調節できるものを選ぶなど、正しい姿勢についてうるさく言い続けることよりも環境を整えてあげることが得策だと思います。

そういや最近高校生の息子がすね毛を剃り出しましてね…

長男(高3)

長女(高1)

最近の若い子って男子も全身スベスベよね〜っ
ハルカちゃんは？やっぱ処理してる？

してるわけないじゃん!!

髪の毛すらとかさないのにっ!!

私もすごく毛深かったからそれがコンプレックスで…

しかも、娘も私に似て濃いのよね…なのに…

私は全身脱毛をして悩みがひとつ解消できたから娘にも早く永久脱毛させたいんですけど…

早くやっときゃよかった…!!

脱毛って何歳くらいからやってもいいんでしょうか？

医療脱毛はそこそこ痛みを感じるので、その痛みに耐えて動かないでいられるなら何歳からでも大丈夫です
ただ第二次性徴にはまだ体毛が濃くなる可能性もあるのでそれが過ぎてからのほうがいいでしょう
ですが!!
クワッ
何歳であっても毛の処理をするかしないかは本人の意志を尊重してくださいっ!!
はうっ
毛が濃くても親から脱毛をすすめるのはよくないんですか…
しゅん…
本人が気にしてなければ悩みをいたずらに増やすことにもなりかねません
脱毛でもしたら?
え!? 私そんなに毛深いの!?
ガーン!!

何度も言いますが親のひと言って影響が大きいんです
うう…
親にできることは子どもが悩みをもったときに気軽に相談できる距離感を保つことだと思います
しょんぼり…
私からは何も言わないようにします…
まぁでもいずれやりたいときがくるかもしれませんし!!
そのときはできれば医療従事者がいるところでの脱毛をおすすめします
医師
看護師
なぜならレーザー脱毛するときに一番怖いのは火傷《やけど》。レーザー脱毛は、レーザーを照射し、黒い毛にピンポイントで反応させ熱を発します。この熱が毛根まで伝わって毛を作り出す毛母細胞を破壊するんです。
レーザー光

毛母細胞がなくなるので
その部分は二度と
毛が生えてきません。
これが永久脱毛。
熱で処理するので
一番怖いのは
火傷なんです
なので医療従事者が
いるところでやるほうが
安心
もし火傷などの
肌にトラブルが
あったときに
適切に対処して
もらえますからね
あとは値段よりも
「通いやすい」
「予約が取りやすい」
ことも
選ぶポイントに
してください
毛がなくなるまで
何度も通わないと
いけないですもんね
遠いと行くのが
イヤになりそう…
定期的に
施術が
必要なのに
予約が
取れなかったら
意味ないもんね
うん…私も通い切るの
大変だったもんな…

先生！家庭用の脱毛器ってどうなんですか!?
サロンでやるより効果は期待できなそうですが手軽さを考えるとそれもアリかなって
家庭用脱毛器もいろいろ種類がありますが今、最も多いのは光をあてて毛根にダメージを与える
「光美容器」と言われるもの
機器を選ぶとき私が一番気にしてほしいのは〝冷却力〟！
やっぱり家庭用脱毛器も光を熱に変えて処理するので火傷しないようにきちんと肌を冷やすものを選んでください
冷却力かー
そんなとこ全然注目してなかったなー
ナルホド…

最後にいくら本人がムダ毛は気にならないと言っても脇だけはマナーとして処理するように声がけしてあげてくださいね。

バーン!

3-E
それはさすがに娘もやっているみたいですが確認してみます…

とはいえ、ムダ毛の話、どうやって切り出そうかな…

土山家
ちょ!!

にーちゃん脚ツルツルじゃん!!

きっしょ!!

あ?

ツルーン
お前はアホか
ムダ毛処理はモテる男の常識だが?

モテてないけど
ひょえぇぇ…

え…うちヤバい…?

ファッサ…

お前が気にするところはムダ毛以外もいっぱいあるぞ

くっ…!!
私も腕と脚処理すっかー
自己処理するならいろいろあるけどカミソリが一番オススメだよ
除毛クリーム
毛抜き
脱毛ワックス
ここからは全て友利先生の受け売りです。
イエーー
安いし、どこでも買えるしね
それなら私脇はカミソリでやってるよー
ほらコレ!
ボロ…
こらこら
カミソリは清潔なことが一番大事なの!
少なくとも1ヶ月に1回は取り替える!!
え…うちずっと同じヤツで剃ってる
ダメーーッ!!

刃に残った石けんカスで雑菌が繁殖しやすくなったり
刃の切れ味が悪くなるので皮フを何度もこするから肌を傷めてしまうのよ
まさつで色素沈着の原因にもなるし!!
へー
使用するときは入浴中やお風呂上がりの清潔な状態で。
乾いた肌で剃ると肌の表面を傷付ける可能性もあるのでシェービングクリームや、石けんを泡立てたものをつけてね。
また頻繁に剃ると肌へのダメージが大きくなるので1~2週間に1回くらいで
生理前後は皮フが敏感になっているので避けたほうがいいわよ

剃るときは毛の流れに沿って優しく刃を滑らせる。
刃
毛の流れに逆らうと皮フが引っぱられて肌を傷めることもあるからね
見えにくい脇は一方向でOK！
剃ると毛が濃くなるって聞いたんだけど…本当？
それは剃ることで毛の断面が大きくなる＝濃くなったように感じるだけで実際は濃くならないよ
なーんだ
ママ詳しいね…
…まあね
全部友利先生から聞いたことまんまだけど
ママも毛深くて若い頃それがコンプレックスだったからさ

当時は毛抜きで抜いたりしちゃって脇なんかいまだにブツブツよ…
フッ
手抜きで毛を抜くと毛穴が傷つき、修復作業をします。それを繰り返すことで毛穴が硬くなってブツブツした見た目に。将来、埋没毛《まいぼつもう》になって脱毛しにくくなることも！
埋没毛
フフッ!
ま、20代の頃に永久脱毛したから他は全身ツルッツルですけどねー♡
脇はブツブツだけど…
え!? そうなの!?
えーっ オレもやりたいっ
剃るの メンドーだし 私も!!
永久脱毛するには時間もお金もかかるのよ～?
出してくれるの!?
出すか！バイトしろ
そんときはまたいろいろ教えてあげるわ♡
先生の受け売りだけど
ちぇーーっ

ボディケア

Column 6

ムダ毛処理は子どもにまかせて

毛の処理って必要？

体毛とは、医学的にはデリケートなところを守るために生えているもの。とはいえ、現在、私たちは下着を身につけていますし洋服も着ているので、もはや毛で保護する必要はなく、デリケートゾーンでも気になるなら処理することは問題ありません。水着になったり、ノースリーブの洋服を着たときに見えてしまう脇の下の毛は、相手に不快感を与えることもあると思うので、私自身は、将来、子どもには「脇の下はエチケットとして剃ったほうがいいんじゃない？」と伝えるつもりです。でも腕、脚、顔の産毛などは、本人が気にしていないなら、親が「処理しなくちゃダメ」と子どもに強要するのはおすすめしません。子どもは親の言葉を気にするので、いたずらに悩みを増やす必要はないと思うからです。

もちろん、子どもが気にし始めて、自分から処理するのは問題ないですし、処理の仕方についてはいくつか方法がありますので、正しい方法をきちんと子どもに伝えておくことが大事かな、と思います。

毛の問題はおおっぴらに話しにくいので、日頃から子どもとコミュニケーションを取り、「気になるなら言ってね」と軽く声がけするなど、相談しやすい関係性を作っておくといいでしょう。

自己処理のベストな方法とは？

まず自己処理の方法で考えられるのは「カミソリで剃る」「電気シェーバーで剃る」「毛抜きで抜く」「除毛クリームでケアする」の4つ。

どれがおすすめなのかといえば、コスパの良い「カミソリで剃る」方法です。

私たちの親の世代は「毛抜きで抜いていた」という人が多いと思いますが、毛抜きで抜くと、毛穴が傷ついて見た目がブツブツとしてしまったり、埋没毛という、皮膚の下で毛が伸びてしまう肌トラブルが起こりやすいので避けたほうがいいでしょう。除毛クリームも悪くはないのですが、デリケートな肌の人にとっては刺激が強いものもあるので、選ぶ際に注意が必要です。

電気シェーバーも便利ですが、もっと手軽にできるシンプルなT字カミソリがいいでしょう。ただし、カミソリで剃るときに大切なポイントは「肌もカミソリも清潔である」こと。

入浴中や入浴後の「肌が清潔な状態」で、肌を保護するシェービングクリームやボディソープの泡をつけて、毛の流れに沿って優しく刃を滑らせて剃るのが正解。このようにして剃ると肌を傷めにくいので、お子さんに教えてあげましょう。つい、毛の流れに逆らって剃りがちですが、表皮にダメージを与えることもあるので気をつけたいところ。ただ、脇の下は見えにくく、毛の流れがわかりづらいので、一方向でOKです。

それからもうひとつ大事なことは、カミソリを1ヶ月に1回は変えるようにしましょう。同じカミソリの刃を長く使い続けていると、残った石鹸カスで雑菌が繁殖してしまったり、刃の切れ味が悪くなることで皮膚にダメージを与えて色素沈着を引き起こしたりすることもあるので、気をつけたいポイントです。

また、剃ると毛が濃くなるというのは誤解。剃ることで毛の断面が大きくなって、濃くなったように見えるだけなので、実際に濃くなることはありません。

子どもが毛を気にしている様子が見られたら、「ママもあなたぐらいの歳に、すごく気になって自己処理したらこんなことになって…」など、自分の失敗談を語ったうえで「清潔なカミソリを使おうね」「終わったあとはアフターローションを塗ろう」など、一緒に考える姿勢を見せるといいでしょう。子どもも安心できるし、ダメージも回避できると思います。

子どもが永久脱毛をしたいと言ってきたら？

ご自身もレーザーで永久脱毛をしてすっきりした、毛の処理をしなくてよくなったのでラクになった、という経験をお持ちの方もいると思いますが、先ほどお伝えしたように、子どもに「永久脱毛したほうがいいよ」と私たち親から言い出すのは控えましょう。

前出でお伝えしたように、体毛は病気ではないですし、本人が気にしていないなら悩みを増やす必要はないと思います。

何度も言うように、子どもにとっては、想像以上に親の一言による影響が大きく、傷つくこともあることを忘れずに。もちろん、子どもから「永久脱毛ってどうなのかな」と聞かれたら、ぜひ体験談も交えて相談にのってあげてください。

もし子どもが永久脱毛をするならば、何歳から始めてもいいのか、あまり早く始めるのは良くないのではないか、と親として心配してしまう人もいるかもしれません。

レーザーで行う永久脱毛はそれなりに痛みを感じるので、その痛みに耐えられるなら、何歳からでも受けて大丈夫です。ただ、思春期の第二次性徴（男の子は11〜12歳頃、女の子は9〜10歳頃に生じる身体の変化の特徴）にはまだ体毛が濃くなる可能性があるので、早くてもそのあとのほうがいいでしょう。

永久脱毛はクリニックで

永久脱毛とはレーザーを照射し、黒い毛に反応する熱で毛母細胞を破壊する方法で、医療レーザー脱毛とも呼ばれ、医療行為になります。エステサロンのようなところでもレーザー脱毛を行っているところもありますが、医師、正看護師などの医療従事者がいるクリニックで受けることをおすすめします。

レーザー脱毛は熱を起こすため、気をつけなくてはならないトラブルは火傷です。そのため、もし、万が一トラブルが起こったとしても、医療従事者がいるクリニックなら、適切に対処してもらえるから安心ですよ。

そしてクリニックの選び方についても注意点があります。それなりの金額がかかるものなので、できるだけ安く！　と、つい値段に注目してしまいがち。けれど、それよりも通いやすい、予約が取りやすいことを重視することが大事だと私は思います。

というのも、レーザー脱毛の施術は毛の成長周期に合わせ、毛がなくなるまで1年くらいは通わないといけないのです。脱毛の施術はそれなりに痛いですし、楽しいことではないので「遠くて通うのが大変」「予約が取れない」となると通うのが面倒…と挫折してしまうかもしれません。せっかくお金を出して施術するのですから、期限切れにならないように、通いやすいことを念頭において選びましょう。

医療脱毛と美容脱毛の違いとは？

医療脱毛とは、前出したレーザーによる永久脱毛のこと。ではエステサロンでできる美容脱毛とはどう違うのかといえば、そもそも使うマシンが違います。

医療脱毛は、高出力のレーザーを使用して毛母細胞を破壊するもの。一方美容脱毛はレーザーよりも弱い出力の光（IPL：Intense Pulsed Light）を使用し、毛根にダメージを与えるというもの。

一般的に美容脱毛のほうがコストが安く、痛みも少ない場合が多いのですが、パワーが弱いので永久脱毛ではなく減毛・抑毛《よくもう》効果にとどまります。そのため、長い期間通う必要があったり、また生えてきてしまったりというデメリットもあるので、結局、もう一度医療脱毛をし直す、という人も多いです。ですから私は、初めから医療脱毛のほうがコストパフォーマンスがいいのではないかと思います。

では医療脱毛なら、絶対に生えないの？　と聞かれると、絶対ということはなく、一通りの施術が終わってから、数ヶ月から数年後に、2〜3本、不意にぴょんと生えてくることもあります。でも基本的には生えてこないようになってラクになるので、その点は安心していただきたいですね。

家庭用の脱毛機器の選び方は？

サロンに通うのが面倒、痛いのはイヤ、という人は、家庭用の脱毛機器を使うという手もあります。

家庭用の脱毛機器はいろいろありますが、今の主流は美容脱毛と同様、光を照射する「光美容機器」。価格は平均して7〜8万円とお高めですが、痛みもダメージも少なく、自宅で手軽にできるのがメリットです。

これも毛の黒に反応する光を照射することで、熱を発生させて毛根にダメージを与えるという仕組みです。完全になくなるわけではないですが、徐々に薄くなっていきます。

家庭用とはいえ、熱を発生させるものなので、やはり注意すべきは火傷。光美容機器は、痛みを軽減し肌表面にダメージを与えないように、冷やしながら光を照射する仕組みです。しかし、その冷却力はメーカーによって差があるので、選ぶべきポイントは冷却力の高さ。出力パワーの高さよりも、火傷をしない安全性を担保しているものを選ぶようにしましょう。

カッ
今日も暑いね…
ちょ!! 背中の汗染みすごいよ!!
ぎゃ ほんとだ!!
べたー
これから友利先生のとこに行くのに〜っ
ひぃぃ
どう? におう?
んーー 少し?
においって自分ではわからないですもんね…
そーなんですよ…
においのことは他人が指摘しにくいですしね〜
家族なら言えるけど…
そうなんですよね なので もし子ども達のにおいが気になるようなら親が早めに言ってあげましょう

「制汗スプレーしたら?」とか「におうかもしれないから汗をかいたら早めに洗ってね」などの対処法もあわせて伝えてあげてください
やっぱ汗ってくさいんですね…
いや、汗自体はほぼ無臭なんですよ
え!?
そーなんですか!?
汗を出す汗腺には2種類あって…
まず「エクリン腺」ほぼ全身に分布し、かく汗のほとんどがエクリン腺から出る汗です。
エクリン腺
この汗に垢や皮脂が混じり、雑菌が繁殖すると酸っぱいにおいや生乾きの洗たく物のようなにおいがします。

もうひとつは「アポクリン腺」主に脇の下や耳の中、陰部などに存在。
脂質やタンパク質などにおいの元になる物質が混じった汗を出します。これに雑菌が混じりさらににおうのが腋臭症（ワキガ）。
アポクリン腺
このアポクリン腺の量や大きさ、働きで体臭の強さが決まるんです
え？汗腺の量って人によって違うんですか？
汗腺の量はだいたい遺伝で決まるんですよ
日本人にワキガが少ないのは遺伝的なものなんですね
日本人
少
多
欧米人
アポクリン腺

アポクリン腺が多い人は
汗染みが黄色かったり…
耳アカがジメジメしているので要注意！
じっとり
こまめに下着を取り替えたり早めに汗を流すなど対策が必要です
汗染みの色と耳アカ…チェックしてみます…
もしワキガの場合は手術したほうがいいんですか？
よほど深刻でないかぎり、きちんと洗って制汗スプレーやにおい止めクリームで対処すれば大丈夫ですよ
手術は日帰りでできるのですが脇に傷がつきますしそれなりに大変なので…まずは病院で相談を

たまーに息子のにおいがキツいときがあるんですが…

手術まで考えなくてもいいですかね？

思春期はホルモンの働きで体臭が強くなることがありますが…

ホルモン
年齢を重ねるとともににおいも弱まってくるので清潔にしておけばそんなに気にしなくても大丈夫ですよ
ホ…

そーいや私も思春期足のにおいがヒドかったわ…

効果的な体の洗い方ってあるんですか？

洗顔と同様に体の汚れも基本的に「泡」で落とします

汗だけならお湯で流すだけでもいいんですが
汗
汗は皮脂とまざり合ってにおうので皮脂を流すためには石けんを泡立てて体の表面を滑らせます。
汗
皮脂
汗
皮脂
顔を泡で洗うのはわかりますが…体も泡で？
なんか頼りなくないですか？
私もいつもナイロンタオルでゴシゴシしてますー
タオルで肌をこするのは日本人くらいですよ
皮フが傷つくのでゴシゴシしないこと
え!!
でも海外のホテルの浴室にもスポンジみたいなのありますよね!?
あれは泡立て用です…
なんと!!

泡立てたら
泡を手に取って
首や耳の後ろ
脇や背中、股などを
洗います。

くる くる

においが気になる部分は
念入りに、
全身に泡を
転がすように
洗ってください。

陰部は特に
おしっこがはねたり、
生理中は経血が
ついたりするので
しっかり
洗い流しましょう。

やさしく！

自浄作用があるので
中の粘膜まで
必死に洗う必要は
ありません。

思春期は足のにおいも
キツくなりがちなので
爪は常に短く切って
指の間もよく洗います。

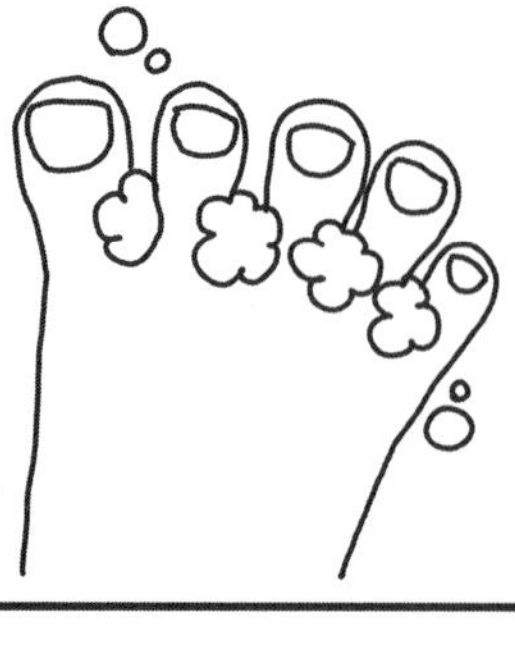

できれば
靴は何足かを
ローテーションで
はくようにして
ください
においがこもらないように！

毎日湯船に浸かった方がいいですか？
お風呂はにおい対策というよりも疲労回復や良い眠りのために毎日入った方がいいですね
できれば夏場も
10〜15分程度、体を温めて筋肉を緩め血流を促してあげて。
2時間後
ZZZ…
入浴後、体温が下がる2時間くらい後に布団に入ると寝つきも良く、睡眠の質も上がるのでおすすめです。
とにかく思春期はナーバスになりがちなのでにおいに関するアドバイスは、さりげなく声がけしてあげてください
了解です!!

ボディケア

Column 7

親だから言えるにおいの話

体臭は自分では気づきにくいもの

思春期はホルモンの影響で体臭が強くなりがちですが、不快なにおいを放っていても、実は自分ではわからないことが多いもの。しかも他人からすれば「くさい」とはなかなか言いづらいものなので、なおさら気づきにくい…という、ちょっと厄介な問題なのです。

なぜ、自分のにおい＝体臭に鈍感なのかといえば、嗅覚には順応するという特性があるので、同じにおいを長時間嗅ぎ続けると、そのにおいに慣れてしまって、くさくなっていても気づかないのです。そのため、もし、子どもの体臭が強くなっていても本人は気づいていない可能性があるので、私たち親が早めに言ってあげましょう。

けれども、思春期はナーバスになりがちなので、ただ「におうよ」とか「くさいなー」とマイナスのことだけを指摘すると傷ついてしまいます。そういうときは具体的な対処法も併せて伝えてあげてください。例えば「制汗スプレーしたら？」「今日は汗をかいたから、くさくなる前にお風呂に入ったほうがいいかもね」と、あくまでもさりげなく声がけを。子どもは敏感なので、口には出さなくても「自分では気づかないけれどにおっているのかな？　友達に嫌われたくないから気をつけなくちゃ…」と気づいてくれることでしょう。特に部活をしている子なら、汗をたくさんかくので、汗ふきシートを買っておいてあげるとか、着替えを持たせてあげるなど、対策に協力してあげるとにおい対策の安心感が生まれると思いますよ。

なぜ汗をかくとにおうのか？

私たちは「汗＝くさい」と思い込んでいますが、実は汗そのものは無臭です。ではなぜくさくなってしまうのかといえば、皮膚上の細菌によるもの。汗に含まれる成分が皮膚上の常在菌によって分解されることで、におい物質が生成されてしまうのですが、湿気が多い環境だとさらにくさくなります。汗をたくさんかいたあと着替えないでいれば、生乾きのようなにおいになりますし、蒸れやすい脇の下や足はにおいがキツくなります。

体臭について理解を深めていただくために、もう少し汗について詳しく解説しますね。まず、汗を出す汗腺には、エクリン腺とアポクリン腺の2種類があります。

エクリン腺は体温調節のために汗を出すところで全身に存在します。この汗腺からでる汗に垢や皮脂などが混じり、雑菌が繁殖すると酸っぱいにおいや生乾きの洗濯物のようなにおいが発生します。

一方、アポクリン腺は主に脇の下や陰部に存在し、もともと脂質やタンパク質などにおいのもとになる物質が混じった汗を出すのですが、これに雑菌が混じってさらに強いにおいを発生させます。このアポクリン腺は性ホルモンの影響で思春期に急速に発達し、汗の分泌量が増加するため、思春期に体臭が強くなるのは皆同じように経験すること。そのこともさりげなく話しておくと、子どもも安心するのではないでしょうか。

そして、汗のにおいの中でも、ワキガとは、このアポクリン腺から出る、特殊な汗によるもの。そもそもアポクリン腺の量と大きさ、働きには個人差があるのですが、ワキガ体質の人は、アポクリン腺の数が多く、サイズも大きい傾向にあります。汗腺の量はだいたい遺伝で決まるので、ワキガ体質は遺伝の要素が強く、生まれつきである可能性が高いと言われています。そのためワキガの発症率には人種差も大きく、日本人は、欧米人と比べてアポクリン腺の量が少ないので、ワキガの人も少ないのです。ですから、よほど深刻でない限り、制汗スプレーやにおい止めクリームで対処すれば問題ありません。

それでも「自分の子はワキガなのでは…？」と気になるなら、チェックする方法があります。アポクリン腺が多い子は、汗染みが黄色い、耳垢がジメジメしている傾向に。ただ思春期はアポクリン腺からの汗の量が多くなるので、それほど心配することではなく、こまめに下着を取り替えるように促したり、汗をかいて帰ってきたら「シャワーを浴びなさい」と声がけするなど、気にかけてあげれば十分だと思います。

それでも心配ならば、ワキガは病気の一種なので、クリニックで根本から治療するという方法もあります。重度の方が希望すれば、アポクリン腺を除去するという日帰りでできる手術も可能です。脇のシワの線に沿って行うので傷跡はそれほど目立たないですが、術後は1〜2週間はダウンタイムがあり、それなりに大変なものです。ほかにも、レーザー治療などの切らない方法もありますので、もし治療を検討するレベルならば、まずはクリニックに相談をしてみてください。

足のにおいは靴も原因に

思春期になると足がすごくくさくなってしまう子も増えます。それは汗や皮脂の分泌物によって細菌が繁殖することに加え、同じ靴をずっと履いていることも原因です。スニーカーや革靴などの通気性の悪い靴は湿った環境を作り出すので、細菌の繁殖を促進し、さらににおいがキツくなります。そのため同じ靴をずっと履いていればくさくなるのは当然のことですから、「何足かをローテーションで履く」のがおすすめです。

さらに、足の爪の間は汚れが溜まりやすく、それによってにおいがでるので、爪をちゃんと切っているかどうかチェックして、爪が伸びているようなら「爪が長いとか細菌が繁殖しやすくなるからくさくなるよ。だから切ったほうがいいよ」と声をかけてあげましょう。あとは基本的なことではありますが「足をキレイに洗う」「靴下を清潔に保つために、履き替え用をもたせる」「消臭グッズを活用する」など、やれる対策はやってみるといいでしょう。

一方で、お子さんがにおいを気にしすぎるのも問題です。しょっちゅう手を洗っていたり、何度もお風呂に入ったりするのはいきすぎです。メンタルが不安定になっていることもありますから、私たち親から「そんなににおっていないから大丈夫だよ」という声がけをしてあげてくださいね。

何度も言うようににおいの問題はデリケート。まずは「あなたぐらいの年頃はどうしてもにおいが強くなってしまうのよ」と伝えることが最も大事なこと。ただ、親としてもあれもしなさい、これもしなさい、と対策ばかり言い続けても解決しにくいかもしれませんし、うるさがられて関係性が悪くなるのは、本意でないですよね。

思春期には体臭が強くなる、という大事なことを伝えて「相談されたら話し合う」のがいいと思います。相談してこないなら話しにくいのかもしれないので、さりげなく靴箱のところに消臭グッズを置いておくことから始めてみるのがいいかもしれません。

におい対策のための効果的な洗い方とは？

毎日の入浴は、不快なにおいを発生させないために必要なこと。入浴を面倒くさがる子どももいますが、前出でお伝えしたように「くさくならないように、お風呂に入ったほうがいいよ」と声がけをしてあげてください。

そして、お湯で洗い流すだけでなく、石鹸やボディソープの泡を使って汗や皮脂をしっかりと洗い流すことと、できれば正しい洗い方も伝えておくといいでしょう。

正しい洗い方は、洗顔と同様に「たっぷりの泡を手にとって肌の上に滑らせる」のが正解です。顔は泡で洗うのはわかるけれど、体はボディタオルでゴシゴシとこすらないと汚れも皮脂も落ちないのでは？　と思う方もいるかもしれませんが、弾力のあるきめ細やかな泡は皮脂や汚れを自動的に吸着してくれます。強くこする必要はありません。むしろ摩擦で肌を傷つけて乾燥しやすくなりますので避けてください。

ゴシゴシ洗いが習慣になっている子どもには、「泡で洗えばこすらなくてもちゃんと落ちる」「優しく洗うことで肌を傷めない」という「泡で洗うことの重要性」を伝えつつ、お風呂場に泡立て用のネットやスポンジを置いておくとか、泡で出てくるボディソープに変えるなどの対策もしてあげるといいでしょう。

脇の下や陰部、足（特に指の間）などのにおいが気になる部分も、この正しい洗い方で、優しく泡でくるくると念入りに洗えばにおいの原因はちゃんと落とせるので、このこともさりげなく教えてあげてください。それから、背中は皮脂ができやすく、洗いにくい場所でもあるので、背中ニキビを気にしている子には肌触りの良いボディタオルで優しく洗うようにすすめてあげてください。

正しく洗えていれば、1日1回の入浴でも問題ないですし、多くても1日2回までで十分です。

もちろん、湯船に浸かることで角質が柔らかくなり、皮脂も落ちやすくなる効果があります。さらに、疲労回復や、睡眠の質が上がるという大きなメリットがあるので、毎日湯船に浸かるのをおすすめしています。

具体的には、40℃前後のお湯に10〜15分程度浸かると血行促進効果が得られて疲労回復に。そして、入浴後は体温が下がる2時間くらいあとにベッドに入ると、睡眠の質が上がりやすくなります。

子どもには「睡眠の質が健康につながる」と言ってもピンとこないと思いますから、夜ふかしをしてしまう子も多いと思います。それならば、特に部活や勉強を頑張っている子どもに「良質な睡眠は、翌日のいいパフォーマンスにつながるよ」とか、女の子には「肌がキレイになるよ」という情報とともに伝えてみたら、耳を傾けてくれると思いますよ。

ARATA'S TALK③

子育て中の美容について

これまで、子どもの美容についてお話してきましたが、親御さんも自分の美容について気になっていると思います。

けれど、子育て中は本当に忙しい。自分のための美容の時間なんてなかなか作ることはできないですよね。そんなときは、いろいろやるのは無理と腹を括《くく》って、最低限「日焼け・乾燥・摩擦」だけ気をつけましょう。「日焼け止めを塗る」「保湿する」「ゴシゴシ洗わない」この３つだけは必ずやる。あとは、子どもの成長とともに、少しずつ自分のケアに手を戻していけばいいのです。

最近は、美容の進歩も速いので、今の化粧品や美容法よりもっといいものが次々と出てきます。自分が基礎をじっくり固めているうちに、誰かが自分のために美容の研究をしてくれているんだと思っておきましょう。

体形維持についてもよく聞かれるのですが、もうこれは仕方がない。正直、私自身も、子どもを産む前の体重には戻っていませんし、体形もだいぶ変わりました。でも、これが今の私にとってベストな体重と考え、今の体形をキレイに見せる服を着て、健康を害さなければそれで十分だと思います。もちろん、己を知ることも大切なので、毎朝体重計に乗って、ベスト体重から３キロ以上増えたときには、食事を見直すなどして、元に戻すように心がけています。

よく言われることですが、「育児も忙しい時期も必ず終わる」。私もその言葉を信じて日々奮闘中です。

Volume. 4

歯とメンタルヘルス

Teeth and Mental health

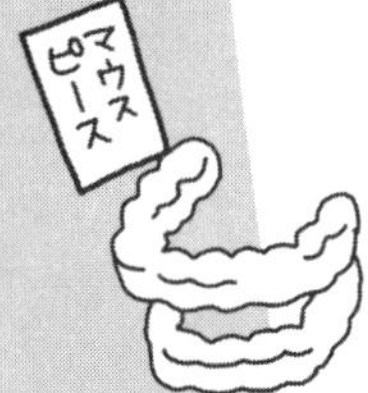

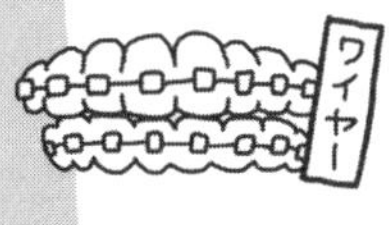

ママ、これ学校の歯科健診の結果
治療証明出せって
え!
また虫歯できたの〜?
毎日ちゃんと磨いてるの!?
この前治したとこじゃん!!
磨いてるよ!
歯並びが悪いから磨き残しができちゃうんだよー
う!!
見た目も悪いから矯正させてよーっ!
うう!!
私も気にはなってたんだけどね〜
この機会に矯正させてあげるかーっ
あーでもいくらかかるんだろ〜っ
うちはサホがやってるよ
今度一緒に話を聞きに行く?
行く!

こんにちは 歯科医の 村守です
今日は 矯正の お話を？
お願いします
できれば 磨き方なんかも ちゃんと知って おきたいです！
やっぱり 矯正はした方が いいんですよね
そうですね 見た目以外にも 歯並びがキレイだと 磨きやすく なりますから…
将来虫歯になる リスクを 減らせます。
歯は一生モノ ですもんね
ワイヤーと マウスピースはどちらが いいんでしょうか
ワイヤー
マウスピース
今だったら マウスピースの方を すすめています

透明なので ワイヤーより 目立たないし、自分のタイミングで つけ外しができるので 食事や歯磨きの際 楽ですよ。
カパ。。。
たしかに
ただ1日のうち 21時間以上 装着してほしいので、本人のやる気と 家族のサポートが 重要になってきます。
忘れてるよ
そうそう！ うちも まだ小学生だから はめ忘れることもあって 親が気をつけてないと いけないから大変よ
その点 中学生なら 大丈夫なん じゃない？
そーかな… アイツは ちゃんと できるか あやしいぞ…
う〜ん…

そしてワイヤーでも
マウスピースでも
一番気をつけて
ほしいのは虫歯
ひっかかるよ〜!!
ワイヤーは食べ物が
ひっかかりやすいので
細かい部分の歯磨きが
必要になってきます。
マウスピースは
食べカスがついたまま
装着したり、
つけたまま
ジュースを
飲んだりすると
虫歯を促進させて
しまいます。
残ってるよ〜!
つけたまま
だよ〜
せっかく歯並びが
良くなっても虫歯だらけ
じゃねぇ
どっちにしても
気をつけないと
虫歯のリスクが
あるのか〜
矯正って…
お高いですよ
ねぇ…?
やっぱりそこが
気になる!

マウスピースなら全部動かす場合80万～100万円
治療費とは別に検査料や定期的な診察代もかかります
おおう…
期間はだいたい2～3年その後リテーナーという歯を固定するものを2年くらいつけます
検討します……
長い闘いになりそうだぜ…
矯正してない普通の歯でも虫歯や口臭を予防する歯の磨き方ってありますか?
ケア用品もたくさんあるから何を選べばいいのかわからなくって…
歯ブラシなら毛先が0.01㎜くらいの極細のものと毛先が三角になっているタフトブラシのW使いをおすすめしています。
歯ブラシは45度の角度であてて歯茎の上から回転させて磨きます。
45°
タフトブラシ
鉛筆を持つように力を込めずに磨いてくださいね!
やさしく!

タフトブラシは歯と歯の間に使用してください。
永久歯に生え変わる時期は特に、歯の高さがデコボコになるので食べ物が詰まりやすくなりますが
タフトブラシなら取りやすいんですよ
磨き残しが気になるならプラークチェッカー（染め出し液）を歯の全体につけて、確認してみてください。
磨き残した部分は赤く染まったままになるので、苦手な所がわかります。
鏡を見ながら磨く
フロスは使わなくてもいいんでしょうか
基本的には毎食後フロスはやってほしいんですが…
子どもは特にめんどくさがりますよね
なのでタフトブラシを使ったら次の日はフロス、というように全部頑張らせずにハードルを下げて挑戦させるとよいのでは？
今日はフロス

あと
おすすめしているのは
〝舌磨き〟です
舌!?
舌の表面が
白くなって
ませんか?
ホントだ!
白!!
この白いのは
舌苔《ぜったい》といって細菌なんです
食べカスや唾液が
エサになって
繁殖するんですよ
成分は
歯垢と
同じです
口臭や
虫歯の原因に
なります
どうやったら
取れるん
ですか!?
ひぃぃぃ…!!
小さめのヘッドの
やわらかい歯ブラシや
舌磨き専用のブラシで
舌がピンク色になるまで
こすり取ってください
ホントだ!
キレイになる!
舌を磨く
発想は
なかった!!

あと…ホワイトニングは どうでしょうか…
子どもにも やるべき?
10代なら 歯磨きだけでも 充分だと 思います
永久歯が 生え揃う前は 抜けちゃうので もったいない ですよね
全部生えかわっても まだ生えきって ない場合は ホワイトニングの液が 歯茎に入って しみちゃうことも
もしやるなら 完全に 永久歯が生えきって からの方が いいでしょう
虫歯がなくても基本的に 3ヶ月に1度は 歯科医で歯石とりと 超音波、虫歯チェックをすると いいですよ
それでも 白い歯は 保てます!
ぜひ親子で しっかり 歯を磨いて くださいね!
はい!!

歯と
メンタルヘルス
Column
8

歯科矯正と磨き方

思春期の歯科矯正のメリット

この数十年で歯に対する意識は、大きく変わりました。自分自身が歯並びをコンプレックスに思っていたからと、子どもの矯正を早めに始める親御さんも増えています。また美容面だけでなく、健康と歯が深い関係にあることも知られてきました。矯正によって歯磨きがしやすくなり虫歯リスクを減らせるメリットも大きいので、できれば早めに対処すべき課題だと思います。

実は歯の矯正を始めるのは、歯が完全に生えかわる前の12歳までに行うのが望ましいとされています。そんな早い時期に？　と思うかもしれませんが、子どもの歯科矯正は、あごなどの発達を見据えて乳歯期から混合歯列期（6～12歳ごろ）の段階の第一期治療、永久歯に生え揃ってから行う第二期治療と2段階で行う方法が効率よく治療することができるのがその理由です。

とはいえ、すべての子どもが必ず第一期と第二期の両方の治療をしなくてはならないというわけではなく、第一期治療で改善が見られたため、第二期治療が不要になるというケースもありますし、12歳以上で永久歯が生え揃ってから歯科矯正を始めても全く問題はありません。大人になってから始める人も多くいるのが歯科矯正の現状なので、気になったら、まずは歯科医院に行って相談することをおすすめします。

歯科矯正でおすすめはマウスピース

自分の子どもに矯正をさせようと決めたら、次に悩むのがその方法でしょう。今はワイヤーとマウスピースの2つの方法があります。ワイヤーとは歯にブラケットという矯正器具を装着してワイヤーを通し、歯に力を加えて徐々に歯を動かす方法。取り外しをする必要がなく、24時間、圧力をかけ続けることができるので効率よく歯を動かすことができます。デメリットは、見た目に装置が目立ってしまうことと、ブラケットとワイヤーがあることで、食べ物が矯正装置と歯の間に挟まりやすく、これが虫歯の原因になるので、毎食後歯磨きのたびに丁寧にチェックして取り除く必要があります。これが面倒、と思ってしまう子は多いかもしれません。

一方、マウスピースとは、歯型をとった透明なプラスチックを使って矯正する方法。今回お話を伺った村守先生は、このマウスピースをおすすめしています。その理由は、透明なのでワイヤーよりも目立たないし、自分のタイミングでつけ外しができるので、食事をするのにも、歯を磨くのもラクだからです。とはいえ、マウスピースにもデメリットはあります。それは、つけたり外したりするので、つけ忘れがあると矯正がなかなか進まないということ。歯を正しい位置に動かすためには1日のうち21時間以上の装着をおすすめしています。この装着時間を守らないと計画通りに歯が動かず、治療期間が延びる可能性があります。そのため「21時間ははめる!」という子どものやる気と、ちゃんとはめるように言い続けるという、家族のサポートが重要になってきます。そしてマウスピースでも、最も気をつけるべきことは、虫歯対策。食べカスがついたままマウスピースを装着すると虫歯の原因となる細菌が繁殖しやすくなってしまうので、装着前には必ず歯磨きを! また、マウスピースをしたままジュースを飲むのも、マウスピースと歯の間に糖分が閉じ込められて虫歯のリスクが高まるので厳禁です。歯並びが良くなったけど虫歯だらけに…、なんてことにならないように、ちゃんと歯磨きをしているか、つけたままジュースを飲んでいないかなど、親が注意する必要があります。

装着の期間は個人差はありますが、ワイヤーでもマウスピースでも、大体2~3年。そのあとに、歯が動かないように固定するリテーナーというものを2年くらいつけるので、トータルで4~5年はかかるものと思っていいでしょう。費用は部分矯正と全体矯正で値段に差がありますが、ワイヤー矯正は30~170万円程度、マウスピース矯正で、大体80~100万円程度です。ほかにも治療費とは別に、検査料が5万円ほどかかる場合がありますし、定期的にチェックする際の診察代もかかるので、多めに見積もっておきましょう。

ただ、子どもの歯科矯正は審美目的でないことが多いため、一部費用が還付される医療費控除の対象にはなりやすいと言われています。子どもの歯並びや顎骨の成長を促して改善させることが目的であるならば、最寄りの税務署や税理士さんに相談してみるといいでしょう。

虫歯になるかならないかは、日々の磨き方次第

改めて学び直しておきたいのが、正しい歯磨きの仕方。

村守先生がおすすめしているのは、歯周病予防に最適な毛先が0・01㎜くらいの極細の歯ブラシと、毛先が三角になっているタフトブラシのW使い。極細の歯ブラシを45度の角度であてて、歯の根元の歯茎から歯の上部に向かって回転させて磨きます。力を入れすぎて歯茎や口内を傷つけてしまう人も少なくないので、鉛筆を持つような持ち方で歯ブラシを持ち、力を込めずに磨くのが正解です。次に小さくて先端が細いタフトブラシは、歯と歯の間を小刻みに左右に動かすように使用します。子どもは永久歯に生えかわる時期は高さがまだデコボコなので食べ物が詰まりやすく、この小さなタフトブラシを使うときれいに取れます。そして歯ブラシは2〜3ヶ月に1度を目安に新しいものに交換するといいでしょう。

また、子どもがちゃんと磨けているかどうか不安な方は、ドラッグストアで売っている「プラークチェッカー(染め出しの液)」を使ってチェックをしてみてください。これを綿棒や歯ブラシにつけて、歯の全体につけると磨き残したところに色がつくので、それを鏡で見ながら磨かせると、磨き残しがなくなります。

さらに歯と歯の間に残った食べカスやプラーク(口腔内の細菌とその産生物からなる沈着物)を取り除くために、できればフロスも毎食後に行うのがベスト。ただ毎食後は面倒、という子も少なくありません。せめて夜だけでもやっていただきたいですが、それも面倒、という子には1日おきにする、タフトブラシとフロスを日替わりで行うなど、ハードルを下げてみるのも手です。使用するフロスはワックスがついているタイプのほうが滑りが良く使いやすいので、慣れていない人におすすめです。

舌磨きも歯の健康のためには必要

もうひとつ大事なのが舌磨き。というのも、舌を磨かないでいると真っ白になってしまうのですが、これは舌苔といって、細菌の温床。これが口臭や歯周病の原因になることも。舌磨きをすることで細菌を減らせるので、日々のケアは必須です。毎日、できれば歯磨きと同じタイミングで舌磨き専用のブラシや、小さめヘッドの柔らかい歯ブラシを使って舌苔をこすり落としましょう。歯を磨くブラシと兼用すると、舌の細菌を歯にこすりつけることになるので、必ず分けます。今まで舌磨きをしたことがない場合、初めは舌がピンク色になるまで、「5〜6回こする」「1回ゆすぐ」、これを7〜8セット、繰

り返し行いましょう。

子どもにホワイトニングは不要

子どもにホワイトニングは必要なく、歯磨きだけで十分です。というのも子どもの歯は大人と比べて敏感であり、エナメル質が未成熟の状態なので、ホワイトニング剤の刺激によってダメージを与えてしまうこともあるからです。歯の成長がほぼ完了し、永久歯が定着する18歳以上になってから、考えてみるのでいいと思います。それよりも、3ヶ月に1度は歯科クリニックで歯石とりと超音波と虫歯チェックをするようにしてください。超音波は茶シブやコーヒーのステインを除去できるので、白い歯をキープすることができます。

歯にいい食べ物とは？

歯の健康は、日々のケアに加えて食事の内容も大きく影響します。歯に良い食べ物を意識して摂取することで、虫歯予防や歯茎の健康維持に役立つので覚えておきたいものです。まず、歯のエナメル質を強化するために重要な栄養素はリンとカルシウム。チーズやヨーグルト、牛乳などの乳製品はこのリンとカルシウムの両方を含んでいます。加えてシイタケやサケなどに多く含まれているビタミンDはカルシウムの吸収を助けてくれる効果もあるので、これらも一緒に取るといいでしょう。それから、歯茎の成長に関わるコラーゲン繊維の再生を促すのがビタミンCなのですが、特に生のブロッコリーはビタミンCが豊富。生で食べるのは硬くて…という人はレンジで蒸せば、栄養素が逃げにくいので試してみてください。ほかにもセロリなどの食物繊維が豊富な食品は、噛むことで唾液の分泌を促進し、口腔内の清掃効果を高めて、歯に汚れがつきにくくなるという作用がありますので、積極的に食事に取り入れましょう。

歯を大切にすることは、美容と健康を守るための基本です。子どもと一緒に私たち親も、日々のケアと食事で丈夫な歯を保つように心がけましょう。

はーっ
どうしたんですか？
ダイエットに必死の娘がついに晩ご飯を抜くようになって…
食べません!!
まぁ
その分、朝モリモリ食べるので今はそこまで心配してるわけじゃないんですが…
もしこの先エスカレートして摂食障害とかになったらどうしよう…って
深刻な状態になる前に何かできることはないんでしょうか…
それなら知人の思春期・青年期精神科の先生にお話を聞いてみますか？
お願いします…
後日

こんにちは 思春期・青年期 精神科医の田中です
今は クリニックや大学で 子ども達の診察を しています
よろしく お願い しまーーす!!
実はかくかくしかじかで 娘がダイエットに夢中で…
私の クリニックにも 摂食障害の お子さんが来る ことがあります
ただ そういった場合 「痩せたい」の 背景には 何か悩み事がある ケースが 多いんですよ
え!? 悩み事!? 痩せたいだけでは!?
思春期は 体はもちろん 心の変化も大きくて 自己肯定感が 揺らぐ時期でも あるんですよ

学校が彼や彼女たちにとってほぼ社会の全てになるので、そこにどうコミットしていくかが重要になってくる。

そこで自分と他人を比べ始めてしまうんです。

あのコは容姿が優れている。

あのコは勉強ができる。

あのコはみんなに人気がある。

そうやって比較して「自分にないもの」や「自分がうまくできないこと」を集めてしまいがちです
私も中、高生の頃はそんなことばかり考えていた気がします…

そこでわかりやすく自己肯定できるものが体重という数字になることがあるんですよ。
自分を変えたいとき頑張れば体重計の数字はどんどん変化してくれる。
友だち関係や勉強がうまくいってなくても体重が減ると「成果」と感じやすいんですね
わかります私も無茶なダイエットをしていたときは数字にとらわれてました
子どもの表面だけ見ていてはダメなんですね…
親にしてあげられることってあるんでしょうか…
やっぱり子どもに寄り添ってあげることでしょうか

子どもが何かに依存
しているようなら…
例えばゲーム依存だった場合
いつまで
ゲーム
やってる
の!!
ご飯だから
やめなさいい!!
言っちゃい
そう
と頭ごなしに
叱るのは厳禁です
そういう親御さんに
何のゲームに
夢中に
なっているか、
知ってます
か?
と聞いても
知りませんよ!!
私はゲーム
なんて
しません
から!!
キィィッ
なんて答えたりするんです。
一緒に遊んでみれば
次のボスを
倒したらご飯に
しようよ
なんて声がけも
できますよね。
そうやって歩み寄ることで
親子のコミュニケーションも
うまくいくんじゃないで
しょうか。
お母さん
実は学校で
さ…

友利先生も
同じこと
言ってたな
日頃から
子どもの言うことを
頭ごなしに否定せず、
聞いてあげる姿勢が
大切です
悩んでいる
様子があれば
それとなく
聞いてあげる
信頼関係があれば
子どもも
相談してくれると
思いますよ
でもつい
大声で怒鳴って
しまいそう
です…
わかります
そんなときは修正すれば
いいんですよ。
さっきはキツく
言いすぎたわ
ごめんね
あとは小さなことでも
褒めてあげる。
実行委員
立候補
したんだ！
でも別の子に
決まっちゃった
立候補しただけでも
スゴいじゃん！
思春期は親とあまり話を
したがらないかもしれませんが、
探りながら少しずつ
会話を広げてみてください。

病院に診てもらった方がいいかなーっていう見極めってありますか？
「家での様子」「学校での様子」「お友だちとの関係」この3つでどこかおかしいと感じたら、まずは学校の先生に相談してみてください
何か変わった様子がないか親と先生で共有することがまず大切。
まだ鏡見てる…
でももし、2〜3時間ずっと鏡の前にいたりお風呂がすごく長かったりしたら、できるだけ早く受診してほしいです
どうしたの？
と声がけして
お母さんに話せなさそうなら専門の先生に相談してみる？
とか
あまり深刻な感じにならないように気をつけてください

心と体が
変化することに
抵抗を感じる子も
います
体が
大人になることに
嫌悪感を持ったり
アイデンティティも
揺らぎがち
最近の子は特に
「男性」でも「女性」でもない
中性的なところに
とどまっていたいと思う子が
多いように感じます。
昔ほど
社会が
「男らしさ」や
「女らしさ」を
押しつけて
こなくなった
からですかね…
THE★
男!
女!
精神科の診療って
どんなことを
するんですか?
先生によって
違うと
思いますが…

基本は話をじっくり聴くことですね。

必要があれば症状にあった内服薬を処方します。

親子で受診に来られた場合は、まず一緒に話をします。

およ? お母さん それはちょっと こだわりすぎて ませんか?

親御さんの立場からの話 こちらからのアドバイスも 子どもに聞いてもらったうえで…

一度親御さんには席を外してもらって 子どもの本音に 耳を傾けます。

お母さんが 厳しくて …

親には 言いにくい 本音も あります もんね…

それで病名を判断するんですか？
いやいや
もし摂食障害だったとしても
ご飯食べられないのは先生も心配だから…
また話をしに来てくれるかな？
「病名を判断」「薬で治療」ではなく対話をするなかでより元気になれるようサポートする感じでしょうか
対話
大丈夫だよ
大人がしてあげられることはどんな状況でも受け入れてあげて寄り添ってあげる
それが一番大切なんだと思います
結局それに尽きるんですね
ありがとうございました!!

歯と
メンタルヘルス

Column 9

美容の悩みの裏側にあるもの

「痩せたい」発言の裏には悩み事がある可能性が

思春期はだれでも心が不安定になりやすいもの。体だけでなく、心の変化も大きく、特に自己肯定感が揺らぐ時期でもあります。加えて、ほとんどの子どもたちにとっては学校が社会のすべて。その中で自分と他人を比較して、「〇〇ちゃんと比べて私は可愛くない」「〇〇さんはあんなに勉強ができるのに、私はできない」「〇〇さんは人気者なのに、私には友達がいない」など、ネガティブに「自分にないもの」や「うまくできないこと」を集めてしまいがちです。特に女の子はダメな自分をなんとか変えたい、という強い思いから「見た目を変える」ことに執着してしまうケースがあります。

健康的に痩せるのであれば問題ないのですが、ネガティブな悩みを抱えた劣等感が強い子は、将来の健康のことなど考えずに「今すぐなんとかしなくては…！」と無理なダイエットをして、拒食症や過食症などの摂食障害になってしまうことも…。なぜ劣等感から摂食障害にまでなってしまうのかというと、体重が減ると、目で見える数字というわかりやすい結果が達成感につながるから。体重という数字が減ることがとにかくうれしくて、もっと痩せたいから食べない、その反動で過食になる、という悪循環に陥ってしまうのです。

一方で男の子の場合は、人の目を気にしすぎるあまり対人恐怖症になりやすい傾向があります。もちろんごく一部の子ではありますが、授業中に当てられても話すことができない、注目されるのがとてもイヤ、という気持ちから、不登校になるケースも…。極端な例ではありますが、こういうことも起こり得るということも、親は知っておくべきだと思います。

サインを見逃さず、怒らず、寄り添うこと

子どもが「痩せたいからご飯はいらない」「学校に行きたくない」と言い出したり、3時間以上も鏡の前から離れない、お風呂の時間が異常なほど長い、怒りっぽくなっていつもイライラしている…など、あれ、うちの子、大丈夫かな？　メンタルが不安定になっているのかも…と感じたら、観察しつつ、「どうしたの？　大丈夫？」と声がけをしながら寄り添う姿勢を見せましょう。

「ご飯を食べなさい」「学校に行きなさい」「なんで鏡ばっかり見ているの⁉」「お風呂が長すぎ、早く出なさい！」などとついつい怒りたくなる気持ちはわかります。しかし心が不安定になっている子どもは、自己肯定感が低くなっていたり、いろんなことがうまくいかないことでイライラしているので、親が怒れば、反抗してきて喧嘩になる場合も。ですから、怒りたくなってもぐっと我慢して、メンタルが不安定になっている可能性がある、という視点を持ちつつ、「心配しているのよ」という気持ちを伝える、優しい声がけをしてみてください。

どうやったら健康的に痩せられるのかなど、子どもが興味のあることを一緒にやってみるとか、調べてみるというのは寄り添う方法のひとつ。叱らずに理解しようという姿勢を見せることで、子どものほうから今抱えている悩みを話してくれることもあるでしょう。

例えばゲームばかりしている「ゲーム依存」の子に対して、「いつまでゲームをやっているの⁉」と頭ごなしに叱っても解決にはなりません。「何も分かっていない」とさらに心を閉ざされてしまうことも…。まずは、子どもがどんなゲームに夢中になっているのかのぞいてみる、できれば一緒に遊んでみたら、どうでしょうか？子どもが好きなものを知ることは会話も増えますし、ここまでがキリがいいタイミング、というようなゲームの特性を知っていれば、「そのステージのボスを倒したらご飯にしよう」と声がけもしやすくなるはずです。

「でも、子どもが言うことをきかないとついカッとして怒鳴ったり、きついことを言っちゃいそうで…」という親御さんも多いでしょう。親も人間です。つい言ってしまったら「さっきはキツく言いすぎてしまったわ、ごめんね」とあやまって、修正すればいいんです。間違ったとき、言いすぎたときに素直に謝る姿勢を見せることは、子どもにいい影響を与えるはずです。

頑張っていることを認めてあげる

子どもとの会話を広げるためには、ささいなことでもいいので褒めるのはとても大事なこと。「あなたが頑張っていることはよくわかっているよ」ということを先に伝えてから、親として心配している気持ちやアドバイスを伝えれば、子どもも聞く耳を持ちやすくなるのでは？　例えば「ダイエットを頑張るのはいいけれど、体調を崩しちゃうのではないかと心配だから、ご飯はちゃんと食べようね」とか、「部活を頑張っているから、疲れちゃうよね。でも勉強もしないとね」など、言い方に工夫をしてみるといいでしょう。あとは「ママの知り合いの人で、痩せすぎちゃって倒れた人もいてね」など、こうなってほしくないという具体例を出すのも効果的かもしれません。

それから、もうひとつ知っておいていただきたい事例としては、成長することで心と体が変化することに抵抗を感じて、メンタルが不安定になってしまうことがあります。現代は大人になりたくないし、「男性」でも「女性」でもなく、中性的なところにとどまっていたい、決めつけられるのはイヤという子が多い、とも言われています。それは裏を返せば、自分はどうありたいのか決めきれていない、つい人と比較してしまう、など自己否定してしまう気持ちや漠然とした不安で心がセンシティブになることにつながっています。

この「大人になりたくない症候群」のようなものは、「人と比較して見た目を気にする」ということだけでなく、「自立するのが怖い」「自信がなく自己肯定感が持てない」「本当は責任を取りたくない」という不安な気持ちが隠れていることも。程度の差はあれど「歳を取りたくない。いつまでも若者でいたい」という考えは、親世代の大人にもよくあることです。なので大人の私たちも、子どもが「自分と他人を比べてしまう」気持ちや、不安を抱えるがゆえに「守ってもらえる立場である子どものままでいたい、成長したくない」という気持ちになるのは理解できるのではないでしょうか。

もし、子どもが変化に過敏になっていると感じたら、「体と心が大きく変化するタイミングだから、太りやすくなるのも心が不安定になるも当たり前のことなのよ」とみな同じだということをアドバイスしてあげるのもいいでしょう。そして、時には子どもと同じように自分も失敗してしまうこと、人間関係で悩んでいることを、愚痴っぽくならない程度に話すのもいいと思います。まず親がしてあげるべきことは、親自身が心を開いて話しやすい環境をつくり、対話を続けていくことだと思います。

そして、親子がコミュニケーションを取りやすいのは食事の時間。孤食や個食が増えている現代ですが、家族で食卓を囲む時間は大事にしましょう。会話すること以外のメリットとして、規則正しい生活を送ることができる、問題行動を起こしにくくなる、メンタルが安定しやすくなるなど、たとえ子どもが口を利かずにもくもくと食べていたとしても、いい影響を与えている時間であることも知っておきましょう。

おかしいな、と思ったら児童精神科へ

子どものメンタルがおかしい、と思ったら、早めに医療機関である児童精神科に行って相談をしてみてください。児童精神科に行くべきかどうかの見極めは難しいと思いますが、家での様子、学校での様子、お友達との関係、この3つの場でちょっとおかしいな、と感じたら、まずは学校の先生に相談して、変わったことがないかどうか情報交換をしながら判断してください。

児童精神科とは、子どもの心の健康と発達に関する専門的な診療を行う医療分野で、対象年齢は、乳幼児から思春期（18歳頃まで）の子どもが対象です。そして、精神科医、心理士、作業療法士、言語聴覚士、保育士など、専門家が連携して診療にあたります。

「極端に痩せて、食べ吐きしている様子」「朝、起きることができない（学校に行けない）」「いつもイライラしていて怒りっぽい」など親御さんも対処に困る事例があれば、できるだけ速やかに専門機関に相談しましょう。関わる人全員にとってよい判断になります。

最初は「児童精神科に行くなんて、おおげさな。そんな深刻にならなくても…」と思うかもしれませんが、専門家の客観的な意見を聞くことは、子どもにとっても親御さんにとっても有益なこと。

もちろん、いきなり「病院に行きましょう」と無理に連れて行くのではなく、「自分でも困っているんじゃない？　専門の先生に診てもらえば楽になるかもよ」と声をかけてみるのはいかがでしょうか。

児童精神科は一緒に考えてサポートする機関

児童精神科が具体的になにをするのかといえば、基本は子どもと親の話をしっかり聞くこと。

先生によって治療方針は違いますが、今回ご登場いただいた田中先生の場合は、親子双方の話を聞き、ときには「それはお母さんもこだわりすぎてない？」「言いすぎじゃない？」と親御さんのこだわりを解きほぐしたり、子どもと1対1で話し、親には言いづらい子どもの本音を引き出すこともあるのだとか。

病名をつけることや薬を処方することが目的なのではなく、どうすればラクになるのか、改善に向かうのか、一緒に考えてサポートしていく場なので、家族だけで抱え込まずに、専門機関を受診することも選択肢のひとつであると覚えておきましょう。

ARATA'S TALK④

私のメンタルトラブル

私は、そもそもあまりものを深く考えられない性格で、考えたところでどうにもならないということをベースに物事を判断しています。

しかし、そんな私でも、思春期の頃、見た目について悩みすぎた時期がありました。

15歳になり、姉が通っていた那覇の高校に進学することになりました。しかし当時の私は、患っていた子宮内膜症の薬の副作用で、体重が急激に増え、顔はニキビだらけ。那覇の港に迎えにきた姉が、私だとわからないくらい見た目が激変していたのです。

宮古島の親元を離れた寂しさ、高校が進学校で勉強についていくのも大変で、しかも美人な姉と比べられる。私は少しずつ追い詰められ、「今見た目がこんなに悪くなるくらいなら将来子どもなんかいらない」と子宮内膜症の治療を勝手にやめ、食事を我慢する無理なダイエットを始めてしまいました。けれど、少し怖いのですが、そこまで見た目にこだわったのに、当時、自分がどんな体形をしていたのかよく覚えていません。思い出すのは、体重計の数字だけ。数字が減っていくシーンだけが、今でも目に浮かびます。

新生活に慣れた頃には、普通に食べられるようになり、子宮内膜症の治療も別の方法で再開しました。でも、自分が「見た目」について、深く傷ついたからこそ、今でも「人をキレイにするとは？」と考え続けているんだと思います。

Volume. 5

もっと聞きたい!

美容の話

Want to hear more about beauty

あれ？近藤さん？
いらっしゃいませー
わ！偶然！
髪染めたの〜？
こちらママ友の津村佳奈さん美容師さんなのー
津村さんも仕事終って時間あるから一緒にお茶してたんだ
こんにちはヘアメイクしてます津村です
一緒に座る？
おじゃましまーす
聞いてくださいよーうちの娘、高1なのに「美容院が苦手」っていまだに私が髪の毛切ってあげてるんですよ〜
私、ヘタなのに！

美容師さんと何話していいかわからないから気まずいって…

あはは
そういう子は多いですよ
最近は初来店の際のアンケートに「あまり話したくない」なんて項目があるので、チェックしてもらえればこちらも話しかけません
やりたい髪型を伝えるのすら苦手みたいで…

フウ…

コミュ障なの誰に似たんだか… 私か!!

そういうときはやりたい髪型に近い写真を4、5枚持ってきてもらえれば大丈夫！

髪の量やクセもあるのでその通りにはできないこともありますが、その子の状態でイメージに近付けるようにアドバイスはできると思います。

ここの長さが足りないからバランス考えると全体的に少し短くなるけどいい？

はい

うちは私と一緒に行くのをいやがるよ〜
横から口出ししちゃうからじゃない？
前髪もっと切りなよ!!
うん…口出ししてるわ…
そこは本人の希望を尊重してあげてね
中学生にもなればこだわりも出てくるから
うーん…
親は口は出さずお金だけ出しとけばいいのか…つい口出ししそうだから今後は一人で行かせるわ…先月行ったばかりだけど
子どもはキューティクルもキレイだし、そんなに傷んでないので、長ささえ気にならなければ美容院は半年〜1年に1度のペースでいいですよ
娘は自分で前髪切ってるから確かにそれほど頻繁に行かなくていいか
傷みもないし

とにかく前髪命で毎朝前髪を整えるのに洗面台を占拠するから困ってるのよ〜

いつまで前髪いじってるの!!

だって分かれちゃうんだもん〜!!

学校休んでいい!?

いいわけないだろ！

今の子はみんなそう（笑） 自分の美容に向き合えるって立派!! いっぱい失敗してもいいから応援してあげて
立派…！

なるほどそう考えればいいのか!!

くせが出ない正しい髪の洗い方とかってあるんでしょうか…

子どもの髪は元気なのでケアしすぎないのが一番 パサついたコシのない大人の髪とは違うので親の使っているのとは違うシャンプーの方がいいと思います
そうなんだ！

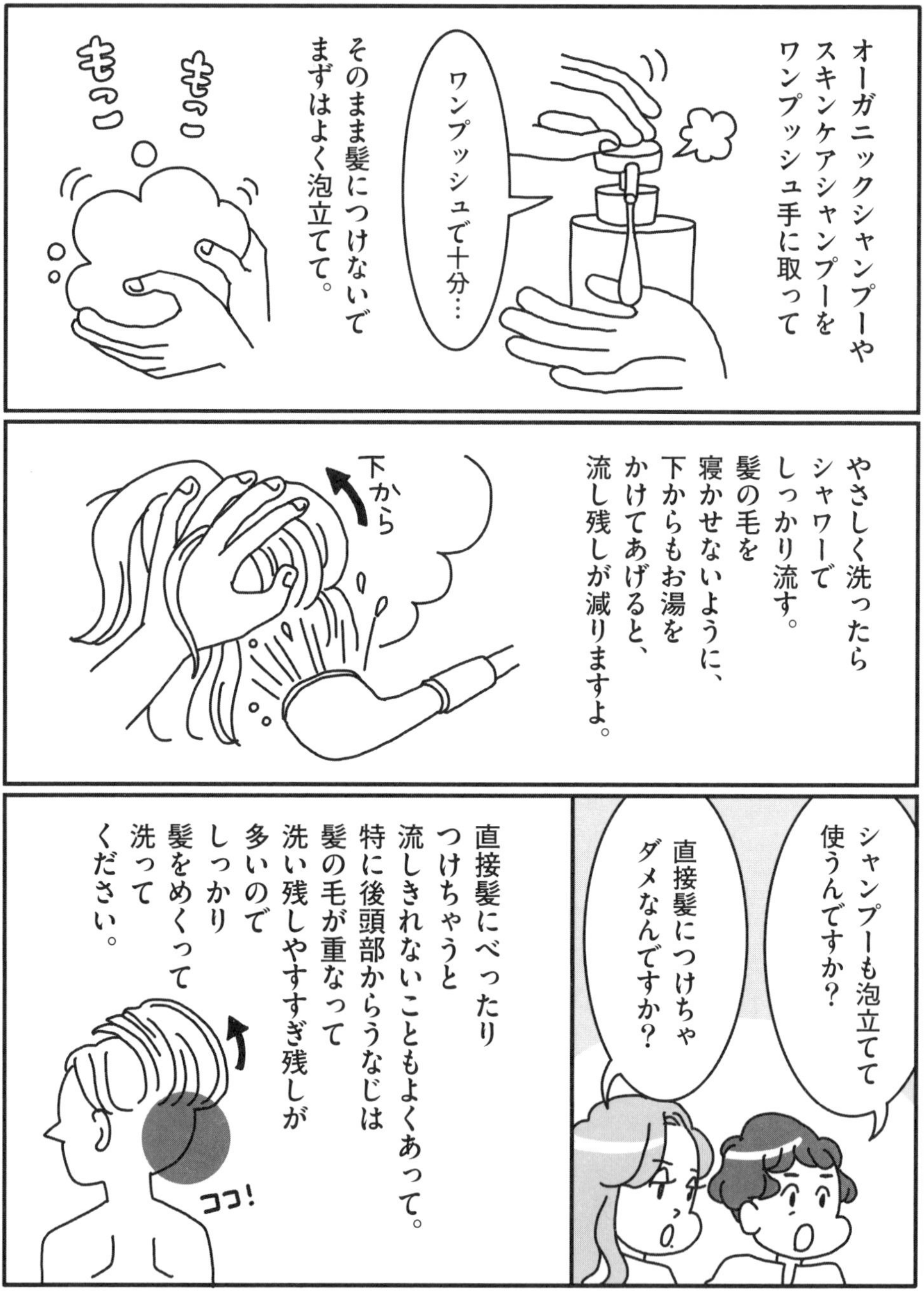
オーガニックシャンプーやスキンケアシャンプーをワンプッシュ手に取って
ワンプッシュで十分…
そのまま髪につけないでまずはよく泡立てて。
もこっ
もこっ
やさしく洗ったらシャワーでしっかり流す。髪の毛を寝かせないように、下からもお湯をかけてあげると、流し残しが減りますよ。
下から
シャンプーも泡立てて使うんですか？
直接髪につけちゃダメなんですか？
直接髪にべったりつけちゃうと流しきれないこともよくあって。特に後頭部からうなじは髪の毛が重なって洗い残しやすすぎ残しが多いのでしっかり髪をめくって洗ってください。
ココ！

うちの娘、たまに頭がにおうんですけど
ちゃんと洗えてないんですかね？
モア…
よく頭もかいてるし
逆に洗いすぎかもしれませんよ
頭皮は皮脂の分泌が多いんですけど、水分を維持する能力が少し低くて乾燥しがち。
ゴシゴシ
ゴシゴシ洗って頭皮を傷つけちゃうとバリア機能が弱いのでかゆさを感じる神経が過敏になってかゆみを起こしがちになるんです。
爪を立てず指の腹でマッサージするように洗うといいです
整髪料をつけてなければ毎日洗う必要はないですよ
あとしっかり乾かさないと雑菌が繁殖してにおいの原因になるので注意です

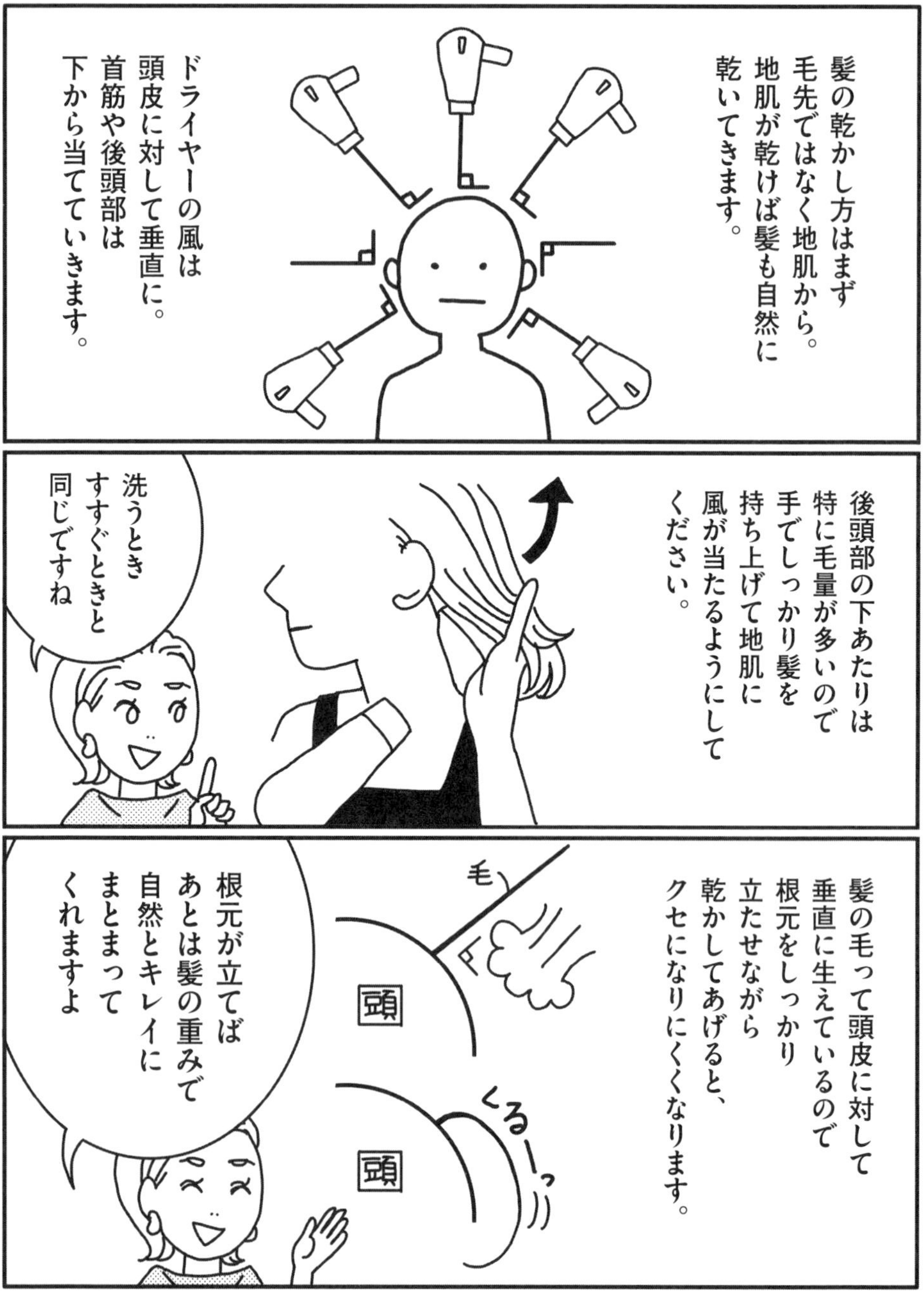
髪の乾かし方はまず
毛先ではなく地肌から。
地肌が乾けば髪も自然に
乾いてきます。
ドライヤーの風は
頭皮に対して垂直に。
首筋や後頭部は
下から当てていきます。
後頭部の下あたりは
特に毛量が多いので
手でしっかり髪を
持ち上げて地肌に
風が当たるようにして
ください。
洗うとき
すすぐときと
同じですね
髪の毛って頭皮に対して
垂直に生えているので
根元をしっかり
立たせながら
乾かしてあげると、
クセになりにくくなります。
毛
頭
頭
くるーっ
根元が立てば
あとは髪の重みで
自然とキレイに
まとまって
くれますよ

最初から押さえつけるように乾かしてしまうと根元が寝ちゃうので割れグセが出たりハネたりするんですよ
NG!
ぎゅう
まず地肌から髪の毛を3分の1くらい乾かしたら3分の2は上から当てるといいですよ
最初は冷風でキューティクルをしめる！
前髪は引っ張らず右の髪は左に、左の髪は右に流しながら乾かすとまっすぐになりますよ
右
左に
右に
左
そうすると割れません
おおお！これは娘に教えてやらねば!!
あとドライヤーは振ると乾き方にムラができるので固定して、手でかきあげて、風を入れる方が早く乾きます。
固定
あと大切なのはブラッシングですかねー

お風呂に入る前に ブラッシングをして 整髪料や汚れを ある程度取っておく。
といったら お風呂 入ろうね
頭の血行もよくなるので 毛穴から汚れが浮いて 洗ったときに ホコリや汚れが 落としやすくなります。
朝に ブラッシングすると 頭皮の油が 髪に降りてくるので ツヤがでてますよ
ブラッシングって 髪の毛のもつれを 取るだけじゃ ないんですね～
知らなかった!!
思春期の子は特に くせ毛を 気にしがちだけど…
毎朝 ヘアアイロンで 直す手間を 考えたら 縮毛矯正を かけても いいかもです
顔まわり だけなら 8000円 くらいで 半年もつし…
なるほど… それもアリ だな…

最近娘がメイクにも興味をもちだしてるんだけど…

休みの日とかどこまで許していいのかなって…

やりたいのならチャレンジさせてあげてもいいんじゃないですか？

まずはリップとアイラインと眉毛かな？

眉は足りないところを描き足してあげるくらいでいいと思います
どうしても気になるなら親子で眉サロンに行っても。理想の仕上がりを写真に撮っておけばその後も参考にできますし…

眉は下手に手を出すより一度プロに任せたほうがいいかも！

私も眉サロン行ってみたかったのよね～！

娘となら美容は共通の話題になるもんね！

うちは男の子2人なのでうらやましいです…

一緒にキレイを目指せばいいのか！

もっと聞きたい！美容の話

Column 10

健康な髪は洗髪から

美容院との付き合い方

小さい頃は親が髪の毛を切っていたけれど、そろそろ美容院デビューを考えるお年頃。けれども、なかには「美容院は苦手」という子もいるようです。思春期は自意識過剰気味で、他人からどう思われるのかを気にしすぎてしまい、知らない大人と話すのも緊張するし、美容院の雰囲気も苦手。さらに言語化するのが難しく、自分の希望通りの髪型を伝えきれずに、「思ってたのと違う」という仕上がりになって凹《へこ》む悪循環…。

そういう子には親である私たちが「接客業のプロである美容師さんは、不安な気持ちについて理解している」「無理に話さなくていい」というようなことをアドバイスしてあげるといいでしょう。今回お話していただいた津村佳奈さんは、二人の男の子のママで、小さな子から思春期のもじもじさんまで、子どもの扱いはお得意。そのためサロンには親子で来店する方も多く、お子さんの様子を見ながら、距離感を測り、希望の髪型を引き出しているのだそうです。また、初回に記入するカルテに「美容師とあまり話したくない」という項目があり、そこにチェックを入れている子にはなるべく話しかけないようする、などの配慮も。

そして、どんな髪型にしたいのかを上手に伝えるには、王道ですが、理想のヘアスタイルの写真を4～5枚持参する、というのがベストな方法なのだとか。1枚だとその子にとってどこにこだわりがあるのかがわかりにくいので、何枚かあると「ここのこういう感じが好きなの？」「これは髪が短いからできない」などと、コミュニケーションのきっかけになり、よりその子の希望の髪型に近づけることができます。もちろん、顔も毛質も違うので、できないこともありますが、プロの技で、その子の顔や髪質に合わせてなるべく写真のイメージに近づけてくれるはず。その子が満足のいくヘアスタイルになれば、気持ちが明るくなり、自信がついて自己肯定感も上がることでしょう。

また、親が付き添って行く場合、口出しは厳禁です。大体「子どものしたい髪型」と「親のリクエスト」が合致していないことがほとんど。口出ししたい気持ちはわかりますが、「お金は出してあげるけれど口は出さず」が鉄則。思春期は個性を表現し始める時期ですし、学校のルールに反していない範疇なら、なるべく子どもの希望を尊重してあげるようにしましょう。

思春期は前髪命!?

今どきの子の多くは「前髪命」。まっすぐだったり、ふんわりと流したり、親の私たちにはわからないミリ単位の戦いがそこにあるようです。つい親は「毎朝、前髪をずっといじっていて、洗面所を占拠して…理解できない！」と思ってしまいますが、そこまでこだわって自分の美容に向き合えるというのは立派なこと。怒らずに、まずは褒めて応援してあげてください。

前髪はクセが出やすいので「ぱっかりと割れるのが気になる」「うねるのがイヤ」と悩む子が多いようです。改善のポイントは洗い方と乾かし方。あとで解説しますが、この基本的なことをアドバイスしてあげれば、洗面台にいる時間は大いに削減できるでしょう。

親と子どものシャンプーは分けること

キレイな髪の基本は洗髪。まずシャンプー選びですが、私たち親が使うシャンプーと子どもが使うシャンプーは分けるようにしましょう。子どもの髪はケアしすぎないことが大事。私たち親が使っている大人用シャンプーには、ダメージのない子どもの髪には必要のない成分が多く含まれています。例えばシリコンは大人の傷んだ髪には有効ですが、子どもには不要。ペッタリとしてしまったり、頭皮トラブルの原因になることもあるので、子どもにはノンシリコンのオーガニックシャンプーやスキンケアシャンプーを使うようにしてください。

そして洗い方。シャンプーをワンプッシュの量をとって、まず手のひらで泡立てます。上手に泡立てることができなければ、泡立てネットを使うといいでしょう。なぜそれほどまでに泡立てが必要なのかといえば、シャンプーを泡立てずに原液を頭にベタッとつけるのは、頭皮や髪への過度な刺激になったり、原液が髪や頭皮に残りやすくなってしまうからです。泡でやさしく包むように洗ったら、シャワーでしっかりとすすぐこと。特に後頭部やうなじは、髪の毛が重なって洗い残しも、すすぎ残しも多いところなので、きちんと髪をめくって洗ったり、すすぐようにしましょう。また、頭のにおいやかゆみが気になるからと、毎日ゴシゴシと強めに洗う子もいますが、これがかゆみやフケの原因になることも伝えておきましょう。頭皮は皮脂の分泌は多いのですが、水分を維持しにくいためバリア機能が弱く、意外とデリケート。頭皮が傷つくと乾燥から守ろうと余計に皮脂をだしてしまったり、頭皮環境を整える有益な常在菌が減って、においやかゆみの原因となる細菌が繁殖してしまうことも。整髪料を使用していなければ、毎日髪を洗う必要はありませんし、洗うときは爪を立てるのではなく、指の腹で頭皮を優しくマッサージしながら洗うように心がけてください。

それから、健康的な髪と頭皮を維持するために、意外と大切なのがブラッシング。シャンプー前にブラッシングをすると、髪や頭皮に付着したホコリ、抜け毛、フケなどの汚れが取れますし、頭皮の血行促進にとても効果的です。さらに、頭皮の皮脂が髪全体に行き渡るので自然なツヤも出ます。ですから、ブラッシングは毎日行うようにしましょう。子どもがいやがらなければ、たまには親がブラッシングをしてあげましょう。ブラッシングが〝マッサージ効果のある気持ちいいもの〟であることが伝わるとよいですね。

そして、におい問題とスタイリングのために重要なのが、仕上げの乾かし方。基本はドライヤーで「髪を乾かす」のではなく、「頭皮を乾かす」ものと心得て。頭皮をしっかりと乾かさないとにおいのもととなる雑菌が繁殖したり、フケの原因となる真菌が発生することもあるので、短い髪であってもドライヤーでしっかりと頭皮を乾かしましょう。

コツはドライヤーの方向。髪の毛は球体の頭から立ち上がるように生えているので、それと同じように、頭皮へ常に垂直に風を当てて乾かしますが、その際に手を差し込んで髪の毛を持ち上げて、風をそこに流し込むようにしましょう。頭頂部は上から、首筋や後頭部は下から風を当てるのが正解です。

パッカリと割れる前髪は乾かし方で解決できる

前出した「前髪がきまらない」問題の解決も乾かし方がキモ。前髪は右から左、左から右にと手ぐしでとかしながらジグザグに乾かすと、ふわっと自然に下に向かって下りるので、ぜひお子さんに正しい乾かし方を教えてあげましょう。

それから、朝、キメた前髪を夕方までキープしたいお子さんには、ハードめのスプレーや、コームタイプやマスカラタイプのいわゆるアホ毛を落ち着かせるスタイリング剤などを用意してあげてください。また、スプレーは顔につくとニキビや肌荒れの原因にもなるので、透明なクリアファイルで顔をガードして吹きかけるなど工夫をしてあげてください。

もし、すごくくせ毛が気になる、という子には縮毛矯正をするのも手です。顔まわりだけだったら8千円くらいで半年くらいはもつので、毎朝アイロンで前髪と格闘する時間と手間を考えれば、検討してみるのもいいと思います。

メイクはどこまで許す？

思春期を迎えた子どもがメイクに興味を持ち始めるのは自然なこと。自己表現のひとつではあるのですが、親としてはどこまで許すべきか悩むところ。津村さんの意見は「その子がやりたいって言ったらチャレンジさせる、まずは変化がわかりやすい、リップとアイラインと眉毛から始める」。

特に眉毛に関しては、私たち親の失敗談を話してあげてみては？「ママは抜きすぎて生えなくなったから、毛抜きじゃなくてカットするのがいいよ」「描きすぎると滑稽眉《こっけいまゆ》になるので足りないところを足す程度で十分だよ」など、会話のネタにもなります。

もしくは、一緒に眉サロンに行ってプロに整えてもらうのもすごくいいと思います。自分の顔に合った正解の眉をつくってもらい、それを写真にとっておけば、自分でも再現もしやすいでしょう。眉は我流よりも、プロの客観的な視点でつくってもらうのがおすすめです。このように親子でコミュニケーションをとりながら楽しめるのが美容のいいところ。ぜひ、子どもと一緒にキレイになっていきましょう。

ファッションのすれ違い
ケースその1
親はガーリーなゆるゆるナチュラルスタイルが好み
娘は上下ダボダボストリート系スタイルが好み
高校1年生
ファッションのすれ違い
ケースその2
親はマニッシュクール系スタイルが好み
娘はギャル系スタイルが好み
中学2年生
ファッションのすれ違い
ケースその3
親はヒラヒラ、フェミニンなスタイルが好み
娘はシンプルなアース系カラースタイルが好み
小学6年生

あなたに似合いそうなワンピ買ったよー♡
いらぬ
ママの着なくなったこのニットあげようかー？
ダサいしいい
もっとヒラヒラとしたスカートはいたら？かわいいよ？
そーゆーの好きじゃない
親子で服の趣味が全然合わない!!
私が着てほしい服を着てくれないー!!
親と子は別の人格！
子どもが着たい服を着させてあげてください！
あ、こちら私の友人でスタイリストの徳永千夏さんです
ぐうっ

前までは親が買ってきた服をよろこんで着てたのに…
しくしく…
それいつの話だよ…
幼稚園のとき
……
……
女の子は特にファッションにこだわりをもつことが多いですからね
それがヘンな格好でも親は口出しちゃダメなんでしょうか!!
カッ
ダボー
いくら親が「ダメ」って言っても、どうせ聞いてくれないでしょ?
親が「?・?」と思っても子どもが着たいのであれば着させてあげればいいんです
自分も若い頃親がいやがるファッションをしてたことないですか?

あります!!
私、高校生のとき、古着にハマったんですけど
キー
なんでこんな汚い服をお金出して買ってくんの!!
…ってよく怒られてました…
ほんとそうだ!!
ヘンな格好もそうですがTiktokやインスタ見て好きな芸能人の私服をマネしたがるんですよ…
顔もスタイルも違うし明らかに似合わない服を欲しがる場合も黙ってるべきでしょうか…
うちなんて憧れがアニメキャラだよ？2次元だよ？
チャレンジさせてあげればいいと思いますよ
実際着ていくなかで似合う、似合わないは自分で気づいていきますから
服は一緒に買いに行ったりしますか？
うちはまだ小さいので一緒に…
私もまだ一緒に行きますー
かろうじて…

服を買うときは必ず試着!!
Tシャツ一枚でも試着!
その時点で「似合わない」と気づけることもありますから!
思ってたんと違う!!
そういえば試着すると「やっぱいらない」ってなることありますね…
自分なりに似合ってないと思うのかしら…
一緒に買いに行ったときに親ができるアドバイスってありますか?
欲しいアイテムを手持ちの服と合わせてコーデができるかを考えることですかね
これなら持ってるデニムに合うね!
いつもはいてる靴にも合いそうだよ!
着回しできない服ばっか買ってる私には耳が痛い!!

あとコーディネートはできればバランスを考えてあげること。
トップスがダボっとしていればボトムスはコンパクトに
上
下
ボトムスにボリュームがあればトップスはタイトに
上
下
なるほど！
うちの娘は上下ダボダボだわ…
全身
大
大
ボリュ〜ミ〜
それでも別に本人がよければいいんですよ！
ファッションは自由なので！
ただどんなファッションであっても気をつけてあげてほしいのはだらしなくならないこと！
服がシワだらけだったり…
襟ぐりが伸びてヨレヨレだったり…
買ったままの折りジワ
取れないシミやほつれがあったり…

あと着てる服よりも大事なのは姿勢!!どんなにオシャレな人でも猫背だったり…

イスに脚を広げて座っていればカッコ悪いですよね?

たしかに!!

「品」と「清潔感」はやっぱり大切ですね
うちの中2ギャルっぽいファッションが好きでヘソ出ししてるんですけど…

それも品がないですよね!?

ヘソ出しは流行ってますからね
でもそれもバランスを考えれば大丈夫ですよ!

おへそを出すなら、ミニスカートなどではなく、ボトムスをデニムにしてヘルシーな方向に寄せてあげたり…。

たしかに印象違うな!!

一緒に買い物に行けば試着やアドバイスもできるけど…
最近はネットの通販を見て買ってくれって言うこともあって…
その場合どうすれば…？
通販も試してみて着てみてダメなら返品ができる場合もあるし
慣れてくれば失敗も減ってきますよ
店頭で買うのも通販で買うのも結局トライ＆エラーをくり返さないとダメなんですね！
実際体験しないとわからないことって多いですからね
子どもがしたい格好を否定せずにさせてあげることが大切です
そこで「似合ってない」とか「場違いだな」という経験をさせてあげることも必要なんじゃないですかね…
肝に銘じます!!

もっと聞きたい！
美容の話

Column
11

最初はとにかく着てみよう！

子どもと洋服の趣味が合わないときは？

今回取材にご協力いただいたのは、ファッションスタイリストの徳永千夏さん。カジュアルなスタイリングに定評のある徳永さんは、おしゃれに敏感な中学3年生とても、小学4年生の娘さん、そして同年代の姪っ子さんにとっても、頼りになるファッションアドバイザー。その経験にもとづいて、思春期の子どもにはどのようなアドバイスが最適なのか、そのポイントを教えていただきました。

思春期になると親が服を買ってあげても「好きじゃない」と言って着てくれない、というのはよくあること。さみしい気持ちにはなりますが、親子とはいえそれぞれ別の人格なので、「親が着せたい洋服」と「子どもが着たい洋服」は成長とともに違ってきて当然です。

「子どもには、自分がいいと思うおしゃれをさせたい」と思う気持ちはわかります。でも親の趣味を押しつけるのはやめましょう。「そんな男の子みたいな格好じゃなくて、可愛いのを着てみたら？」「こっちのほうが似合うと思うよ」などと言うだけで、子どもは「自分のセンスを否定されている」「自分の意見が無視されている」と感じて強く反発するだけ。特に思春期は、親の意見をうるさく感じやすく、必要以上に逆らいたくなるものです。

それが本人にとってのおしゃれなら、その選択を認めてあげて、本人が着たいものを着せてあげましょう。親は「あくまでも子どもが選んだものをベースに、アドバイスをする」程度に。「子どもが自分で洋服を選ぶ」ということは、自分で考えて判断する力を身につける訓練になるので、とてもいいことなのですよ。

子どもはSNSやYouTubeが情報源

とはいえ、子どもが親の私たちの感覚では選ばないような、びっくりする服を買ってきたりすることがあるかもしれません。そういうときは、着るのを止めた方がいいのかどうか…悩ましいところです。

もちろん、その「びっくり度合い」にもよりますが、子どもが本当に着たいと思っているのであれば、まずは着せてみるのがいいと思います。私たち親が通ってきた道と同じように、子どももファッションを通じて自分の感性を育てている途中なのだと理解してあげましょう。ファッションというのは自己表現のひとつ。ときには失敗することもあります。しかし、その経験を通じて、自分に何が似合うのかがわかるようになるのです。

私たち親世代のファッションの教科書は女性誌でしたね。でも、今の子どもはSNSやYouTubeなどからファッション情報を得ています。アーティストやティックトッカーなどのインフルエンサー、アニメのキャラクターなどに憧れてファッションアイテムを選ぶ世代。親子のコミュニケーションのためにも子どもが憧れている存在を知っておくのはとてもいいこと。親も一緒にそのコンテンツを楽しんでみて、子どもが憧れるスタイルを尊重し、そのファッションに近づけるように一緒に服を選んであげて、チャレンジさせてみる、というのもいいと思います。実際に着てみると「憧れていた格好だったけれど、これは私には似合わない」とわかることもありますし、逆に「これなら似合う！」とテンションが上がって楽しく一緒に盛り上がれることも。

「ママが私の好みを理解してくれている！」と感じてくれれば、この先もアドバイスも聞くようになるでしょう。さらに「じゃあ、今度はこんな感じの服を見に行ってみる？」など会話も広がり、コミュニケーションも良好に！　子どももファッションがより好きになりますし、自己肯定感も上がるので自信にもつながることでしょう。

コーディネイトで重要なのはバランス

今のファッションは多様化していて、サイズ感やシルエットの選択肢が広がっています。例えば、親世代から見たら、パツパツじゃない？　と思うようなお腹が出てしまうショート丈のピタピタトップスが人気な一方、ダボダボのオーバーサイズのアイテムも流行っていますし、「サイズが合う・合わない」の基準がないのが現状。

そこで、重要視すべきなのがバランス。例えば、上下ともにダボっとしていれば、太って見えたり、野暮ったく見えてしまいます。もちろん本人が気に入っているのならばそれでもいいのですが、トップスかボトムスどっちかはスッキリとタイトにするとバランスがよく、洗練された印象になります。その点を親の私たちがアドバイスしてあげるといいでしょう。

また、色に関しては、最近みんながやるイエベ、ブルベなどのカラー診断にとらわれすぎると、ファッションの楽しさが半減してしまいますので、特に気にしなくていいと思います。もちろん、顔色を良く見せる色選びはしたほうがいいのですが、それ以上に子どもが好きな色を着て、ファッションを楽しむことのほうが大事です。

試着の際にチェックしたいポイント

洋服を買うなら、試着はマストです。先に書いたバランスについても考えながら、何着も着てみると、だんだん自分に似合う、似合わないの感覚や、自分の体形に合うか合わないか、が分かってくるもの。今は通販サイトで洋服を買う子も多いですが、返送料はかかるものの、お家で試着してみて合わなければ返品すればOKなことも多いので、いろいろ試してみればいいと思います。

そして、購入の際の最後のポイントは「着回しがしやすいかどうか」です。「この服を買ったら、今持っているどの服と合わせられるか?」を考えさせましょう。実は親自身も苦手だったりしますが、手持ちの服を思い浮かべ、「このTシャツなら、あのデニムやスカートも合わせやすいんじゃない?」「あなたダボっとしたトップスしかないから、大きめのボトムスは合わせづらくない?」などディスカッションしてみるのも良いですね。

また、着たときのフィット感や快適さも重要。その服が普段の生活で無理なく着られるかどうかを確認するために、面倒くさがらずにTシャツ1枚であっても試着しましょう。

流行りの露出多めの服が着たい、と言われたら?

子どもが過度な露出を好む場合、どのように対応すればよいのかは悩ましい問題です。親として心配なのはわかりますが、今や肩出しやミニスカはもはやファッションの一部であり、頭ごなしに否定すれば、反発するでしょうし、子どもの自己表現を抑え込むことにも…。

ですから完全に否定するのではなく、露出が控えめになるようなコーディネートを提案するのがいいでしょう。例えば、肩を出すトップスを選んだ場合は、ボトムスをデニムなどのメンズライクなものにしてバランスを取る方法や、ミニスカートを着る場合にはカジュアルなTシャツ&キャミソールを重ねてレイヤードスタイルを楽しむ方法などを提案するといいでしょう。また胸元が開いている！　と思ったら、ベアトップを着せるなど、露出を抑えめにする対策はしておいて、基本的には見守りましょう。子どもには「品のないレベルの過度な露出はダメよ」ということは伝えつつ、ファッションの自由は尊重するという姿勢を見せるといいと思います。

靴をチェンジすると おしゃれ感が増すことも

ファッションで意外と重要なのが靴。多くの子どもは普段スニーカーばかり履いていますが、ブーツやサンダルなどの靴もまずは1足ずつ揃えてあげると、ファッションの幅が広がります。「すぐに足が大きくなるのに、高いものを買うのは…」と思ってしまうなら、ファストファッションの手頃な価格のものでＯＫ。ただし、中敷きには良いものを使いましょう。足の疲れを軽減し、歩き方の悪い癖がつくのを防ぐことができます。

また、洋服と同様に、靴も体験させることが大事。たとえば、厚底の靴を履きたい、と子どもが言うなら、黙って実際に履かせてみるといいと思います。厚底靴を履くことで「可愛いけれど、意外と疲れちゃうから長時間歩くのには向いていないのね」ということを身を以《もっ》て知る大事な経験となります。

そして、ＴＰＯ（ときと場所、場合）についても、経験を通じて学んでいくのがいいと思います。例えば、少し背伸びをしたレストランに連れて行ったり、旅先でのシチュエーションに合わせた服装を選ばせたりすることで、ＴＰＯに合った洋服の選び方が身についていくはずです。もし、ＴＰＯをわきまえずに恥ずかしい思いをしてしまっても、それも大事な経験。私たち親もかつてたくさん失敗をして学んだように、子どもにも学びの機会を与えることも必要なのではないでしょうか。

どんな洋服でも清潔感と姿勢が大事

ファッションは自由ではありますが、だらしないのは論外なので、その点は親の私たちがチェックするようにしましょう。服がシワシワだったり、襟ぐりがよれよれだったり、汚れやほつれなどは、ＮＧです。はじめは親がアイロンをかけて手本を示し、徐々に自分でもできるようにさせていきましょう。

それから、姿勢やお行儀も大事。スマホの影響で猫背になりがちですし、電車のなかで足をぱっかりと広げて座ったりしては、どんなに素敵なファッションであっても台無し…。このことについては親が口うるさく言うべきポイントです。子どもの好みや個性は尊重しながらも、ときには親としてのアドバイスや注意をすることは大切。ファッションは大いに楽しむものだけれど、組み合わせのバランス、ＴＰＯ、清潔感や姿勢も大事であることを伝えつつ、温かく見守ってあげましょう。

どうもどうも
あとがきにいきなり
出てきてすみません
マンガを
担当しました
カツヤマと
申します
中2と小5の
娘がいます
自慢じゃ
ないですが
私「美容」から
ほど遠いところで
生きてきました…
美容 Lv.0
20代では
日焼け止めも塗らず
ガンガン
日焼けをしたり
30代ではロクに
スキンケアもせず
化粧水
乳液
全然
減らない
化粧水はたまに
つける程度、乳液は
買ったことない
髪の毛は洗いっぱなしで
濡れたままタオルを
巻いて寝る毎日
ドライヤー
使ったこと
ない
ZZZ…
メイク落としがないときは
「オイルならいっか」と
オリーブオイルで
落とすことも…
調理用の
ヤツ
OLIVE

なので今回、娘に伝える以前に、私自身が大っっ変!! 勉強になりました――っ!!
やっと買い揃えたスキンケア商品
来年50ちゃい
10代のときに母から美容の基本を教わりたかったーー!!
母
知らんがな…
もちろん娘にも洗顔の仕方や髪の乾かし方、歯の磨き方など教えましたよ。
肌のプツプツ減ったかも～
モコモコ
長女
お母ちゃんドライヤー上手だね!
次女
フフ…
とても感謝されている(と思う)。
そんなテクニック的なことはもちろんですが…
プロのみなさまのお話に共通することは
「子どもを否定せずに寄り添うことが大切」
そこを忘れずこれからも親子で美容をがんばっていきまーす!!

おわりに

私は沖縄県の宮古島市出身です。高校進学とともに親元から離れてしまいましたが、父と母からは大きな影響を受けました。

私が医大に入学した年に、広大なさとうきび畑を眺めながら、「ここに新ちゃんのために病院を建てようと思うんだ」と笑顔で気が早い大望を語った父は、純粋すぎてちょっと変わり者。私が小学生の頃、突然「大学のスクーリングにいくから、1ヶ月ほど留守にする」と私たちを置いて、旅立ってしまう母もなかなかの強者でした。父はもう亡くなってしまいましたが、母とふたりの姉と、今でもつかず離れず、家族というか「チーム友利」のような関係をずっと続けています。そこには、例えば私がなにかやらかして、世界中の人が敵に回っても、家族だけは絶対に守ってくれるだろうという強い安心感があります。その安心感は、子どもにも同じように与えないといけないと日々思っています。

私には今10歳の男の子と8歳と5歳の女の子がいます。8歳の娘なんて、もうYouTu

beでメイクの仕方を学んでいたり、突然「こういう風に色を白くしたい」と言いだしたり、化粧品がいっぱいあると、「これが使いたい、あれが使いたい」と言ってみたりと、本当にこの本のまま聞いてくるので、「これをこういう風に私も話そう」と考えながら作りました。

子どもが小さい頃は、たくさん会話をすることが大切と考えていますので、美容のことも折に触れ話をして、良き相談者でいられるようにしたいと思っています。

また、歯科医の村守先生と精神科医の田中先生、ヘアメイクの津村様、スタイリストの徳永様のアドバイスも、とても勉強になりました。お力を貸していただいた皆様に感謝しています。

子どもたちの未来が楽しく健康なものになりますように。

友利 新

監修● **友利 新**

沖縄県宮古島市生まれ。東京女子医科大学卒業。

同大学病院の内科勤務を経て、皮膚科医に。

現在は都内で内科と皮膚科のクリニックに勤務しながら、
テレビ、雑誌、SNSなどのメディアで、医師として、
健康や美に関する情報発信も行っている。

2016年第9回ベストマザー賞受賞。

子育て応援・ママ応援大使。一男二女の3児の母。

公式 YouTube チャンネル：youtube.com/@aratatomori/join

マンガ● **カツヤマケイコ**

1975年京都府生まれ。一男二女の3児の母。

百貨店勤務を経てイラストレーター＆漫画家に。

著書に自身の子育てを描いた『ごんたイズム』シリーズ（双葉社）、

『まるごとわかる保育園』（共著、自由国民社）などがある。

皮膚科医友利 新先生が
娘に伝えたい
美容の話

2025年1月27日　初版第1刷発行

監修者 ……… 友利 新
発行人 ……… 石川和男
発行所 ……… 株式会社小学館
〒101-8001
東京都千代田区一ツ橋 2-3-1
編集　03-3230-5446
販売　03-5281-3555

印刷・製本… TOPPAN株式会社

ブックデザイン…小原果穂（名和田耕平デザイン事務所）
本文デザイン…久保田りん
構成…荒川千佳子・杉浦由佳子
編集…片山土布　制作…渡邊和喜　久保結菜　遠山礼子　販売…金森悠　宣伝…山崎俊一

●掲載された情報は、2024年12月時点の情報であり、今後変更されることがありますので、ご留意ください。
●造本には十分注意しておりますが、印刷、製本など製造上の不備がございましたら
「制作局コールセンター」（フリーダイヤル 0120-336-340）にご連絡ください。

（電話受付は、土・日・祝休日を除く 9:30 ～17:30）


ISBN978-4-09-311583-4